知識ゼロからのビジネス武士道

前田信弘
経営コンサルタント

Bushido

幻冬舎

はじめに

武士道とは何か？　それは武士が守るべき道徳規範のようなものと言えよう。その武士が絶えてから久しいが、今日においても武士道の精神はさまざまなところで生きている。なぜなら礼節、名誉、忠義などの精神は、現代人の心にも根づいているからだ。

武士道という伝統的なものを再認識し、現代に通じる意義を見出すことは価値のあることであろう。

本書は、武士道に関する内容が盛り込まれた数ある書物のなかから、有名かつ名著と言われる『五輪書《ごりんのしょ》』と『葉隠《はがくれ》』を取り上げ、その教えや教訓などの一部を紹介するとともに、仕事や人生に即した解説をほどこした。

『五輪書』の武士の心構え、勝負に勝つための術、『葉隠』の武士・奉公人としての心得や処世訓などは、現代を生きるわれわれにとっても羅針盤となり、人生訓となるものである。

ますます不透明になっていく現代社会において、進むべき方向、あるべき姿、どう生きるべきなのか、などを示してくれるものと言えよう。

※本書における原文の引用は、『五輪書』宮本武蔵著　渡辺一郎校注（岩波書店）、『葉隠』和辻哲郎・古川哲史校訂（岩波書店）によります。この場を借りて感謝申し上げます。
なお、原文については読みやすさを考慮し、字体の変更、ルビの追加などの修正を行っています。

もくじ

第2章 巧みな対人関係術と心理戦術 ～五輪書～

第3章 仕事と人生の羅針盤 ～五輪書～

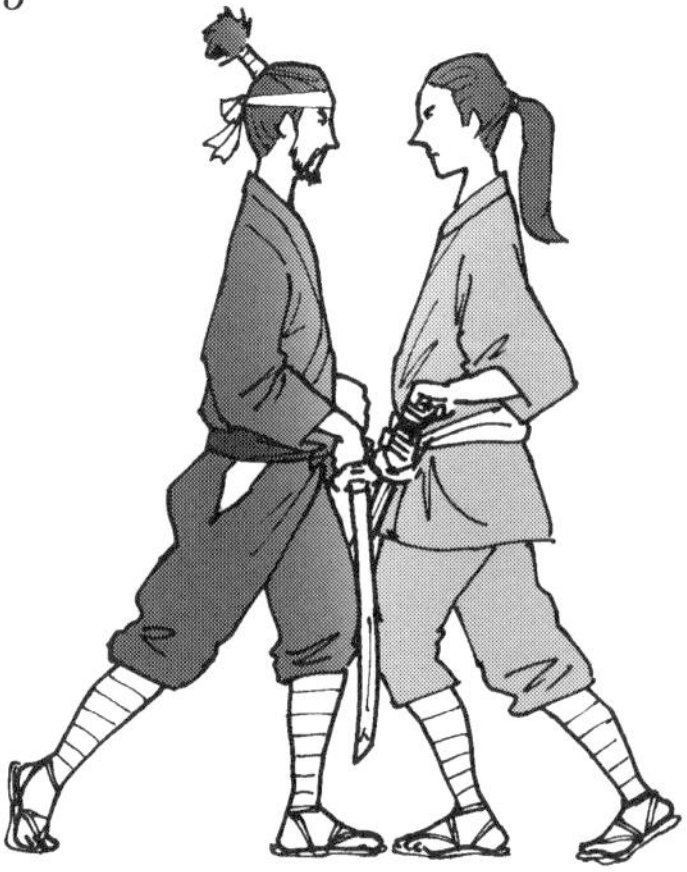

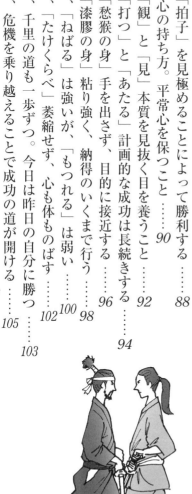

第4章 人間関係の要諦 〜葉隠〜

第5章 組織人としての処世術 〜葉隠〜

第6章 仕事と人生の極意 ～葉隠～

序章

武士道とは？　現代に活かす武士道精神

武士道をひもとく——現代に活かす武士道精神

武士道とは？

武士道とは何か？　一言で言えば、武士が守るべき規範となるだろう。武士はこうあるべきだという倫理観、道徳規範の全体が、大きく武士道と呼ばれると考えられる。

武士は職業として戦闘をする者である。一般の人からは恐れられ、武力で他を屈服させることができる存在である。だからこそ、単に暴力をふるう者であってはならず、精神面も含めた心得、道徳規範のようなものが必要となったのである。

現代においても、日本人とはどのようなものかを考えるとき、武士道の思想をはずすことはできない。

たとえば、礼節、名誉を重んじる。礼節を重んじる精神を持っていれば円滑な人間関係を築くことができるだろう。また、現代のビジネスパーソンであっても、名誉を重んじる心を持っているものである。

つまり、さまざまなところで武士道の精神は生きているのである。

武士道という伝統的なものを再認識し、現代に通じる意義を見出すことは価値あることと言えるだろう。

そもそも武士とは？

そもそも武士とはどのようなものなのか？　簡単に武士の歴史について触れておこう。

もともと武士は九〜十世紀に誕生した武装集団が起源と言われている。武装集団はしだいに武士団を形成していき、力を強めていく。そんな武士団のなかでも、とくに勢力を拡大していったのが「平氏」と「源氏」であった。

そして、十一世紀になると武士の力は飛躍的に大きくなり、ついに十二世紀に源氏が鎌倉幕府を開き、武家が天下を支配することになる。

長い戦乱の世を経て、十七世紀初めに徳川家康が開いた江戸幕府により、戦《いくさ》のない太平の世が到来する。完璧に組織された武家による政治体制によって、幕末の動乱期が始まるまでの約二百五十年もの間、太平の世が維持されたのである。それと同時に、武士階級は戦闘を職業とするのではなく、国を治める官僚的な役割を担うことになったのである。

やがて長い太平の世も、ペリー艦隊来航などによって打ち崩された。諸外国の脅威に立ち向かうため、それまで世に出ることがなかった下級武士たちが力を発揮。明治維新を成し遂げ、武士の世が終焉《しゅうえん》を迎えることになったのである。

『五輪書』と『葉隠』の人生訓

武士道に関する内容が盛り込まれた書物はいくつもあるが、本書では数ある書物のなかから、有名かつ名著と言われる『五輪書《ごりんのしょ》』と『葉隠《はがくれ》』を取り上げた。この二つの書物については後ほど触れるが、本書ではその教え、精神や教訓などの一部を紹介するとともに、仕事や人生に即した解説をほどこしてある。

『五輪書』の武士の心構え、勝負に勝つための術、『葉隠』の武士・奉公人としての心得や処世訓などは、現代を生きるわれわれにとっても羅針盤となり、人生訓となるものである。

ますます不透明になっていく現代社会において、進むべき方向、あるべき姿、どう生きるべきなのか、などを示してくれるものと言えよう。

新渡戸稲造『武士道』とは？

武士道と聞くと、新渡戸稲造《にとべいなぞう》の著した『武士道』を思い浮かべる人も多いのではないだろうか。

新渡戸の『武士道』は、武士道について書かれた書物のなかでもっとも有名なものと言えよう。

そこで、新渡戸の『武士道』について簡単に紹介しておこう。

新渡戸稲造著『武士道』は、明治時代にアメリカで出版され、直ちにベストセラーとなった。今から百年以上前に書かれたものであるが、世代と国境を超えて、今でもなお読み継がれている。発表された当初は英語だった『武士道』は、その後さまざまな言語に翻訳され、世界中で読まれている名著なのだ。

新渡戸は『武士道』を書くきっかけを序章で述べている。これは「日本人は、宗教なしに道徳をどう学ぶのか?」こうした外国人の疑問を受けて書かれた著作である。だから『武士道』は、武士道の全体像を外国人向けに著した書というわけである。

だが、『武士道』は単に武士の規範や倫理を書いたのではなく、さまざまな例を用いて、日本人の道徳意識や思考のしかたなども明らかにしている。まさに日本精神を説いたものとも言えるのだ。

『武士道』の構成

『武士道』は、全十七章から成り、次のような構成になっている。

『武士道』の構成

第一章	道徳体系としての武士道
第二章	武士道の淵源
第三章	義
第四章	勇・敢為堅忍の精神
第五章	仁・惻隠の心
第六章	礼
第七章	誠
第八章	名　誉
第九章	忠　義
第十章	武士の教育および訓練
第十一章	克　己
第十二章	自殺および復仇の制度
第十三章	刀・武士の魂
第十四章	婦人の教育および地位
第十五章	武士道の感化
第十六章	武士道はなお生くるか
第十七章	武士道の将来

※目次は『武士道』新渡戸稲造著　矢内原忠雄訳（岩波書店）より

第一章、第二章は武士道の起源と源泉、第三章～第九章は武士道の教え＝徳目について書かれたものであるが、これらは新渡戸の考えた武士道を理解するうえでとても重要なものと言える。続いて第一章～第九章の内容について簡単に紹介していこう。

『武士道』とは？

※引用箇所は『武士道』新渡戸稲造著　矢内原忠雄訳（岩波書店）より

第一章は、武士道の背景や根源を解説しているが、次の一文から始まる。

「武士道《シヴァリー》はその表徴たる桜花と同じく、日本の土地の固有の花である。」

武士道は日本の象徴たる桜の花に勝るとも劣らない日本の国土に根ざした花であると言う。武士道は日本人の心に根づいているとしているのだ。では、武士道とはどのようなものなのか。

同じ第一章で、新渡戸は武士道についてこう定義している。

「ブシドウは字義的には武士道、すなわち武士がその職業においてまた日常生活において守るべき道を意味する。一言にすれば『武士の掟《おきて》』、すなわち武人階級の身分に伴う義務《ノーブレッス・オブリージュ》である。」

武士道とは何か？　一言で言えば「武士の掟」であるという。つまり、守るべき決まりというわけだ。そして、身分に伴う義務。武士は高貴な身分であり、支配階級である。その身分ゆえ、要求される義務、自覚や責任なのだという。

高い身分、支配階級
ゆえに求められる
自覚、責任

武士

農

工

商

武士道の源泉

では、武士道のもととなったものは、どのようなものなのだろう。それについて、新渡戸は第二章で説明している。

武士道のもととなったもの、言い換えれば武士道の源泉。これは、仏教、神道、儒教の三つであるという。

まずは、仏教が武士道にもたらしたものは、次のようなものであるとしている。

「運命に任すという平静なる感覚、不可避に対する静かなる服従、危険災禍に直面してのストイック的なる沈着、生を賤《いや》しみ死を親しむ心」

すなわち仏教は武士道に、

- 運命に対する安らかな信頼
- 避けられない事柄を静かに受け入れる心
- 危険や災難に直面してのストイックな落ち着き
- 生に執着せず、死に親しむ心

をもたらしたという。

続いて神道が武士道にもたらしたものは、**「神道の教義によりて刻みこまれたる主君に対する忠誠、祖先に対する尊敬、ならびに親に対する孝行」**である。これらは、**「他のいかなる宗教によっても教えられなかったほどのものであって、これによって武士の傲慢《ごうまん》なる性格に服従性が賦与せられた。」**としている。

他のいかなる宗教でも説かれることのない、

- 主君に対する忠誠

●祖先に対する尊敬
●親に対する孝行

は神道の教義によって教えられた。そのため、武士の傲慢な性格に忍耐力が付け加えられたという。

そして、儒教については、**「厳密なる意味においての道徳的教義に関しては、孔子の教訓は武士道の最も豊富なる淵源であった。」**としている。

道徳的な教義については、孔子の教えがもっとも豊かな源となったというわけである。そして、こう続く。

孔子から学んだことは、**「君臣、父子、夫婦、長幼、ならびに朋友《ほうゆう》間における五倫の道」**。ただし、**「五倫の道は、経書が中国から輸入される以前からわが民族的本能の認めていたところであって、孔子の教えはこれを確認したに過ぎない。」**

つまり、君臣（治める者と治められる者）、父子、夫婦、兄弟、朋友の五つの道徳関係は、日本人が本能的に認知していたことであり、あらためて確認した徳目が孔子の教えであるというわけである。さらに、孔子の貴族的かつ保守的な語調は、治者階級の武士によく適合したとしている。

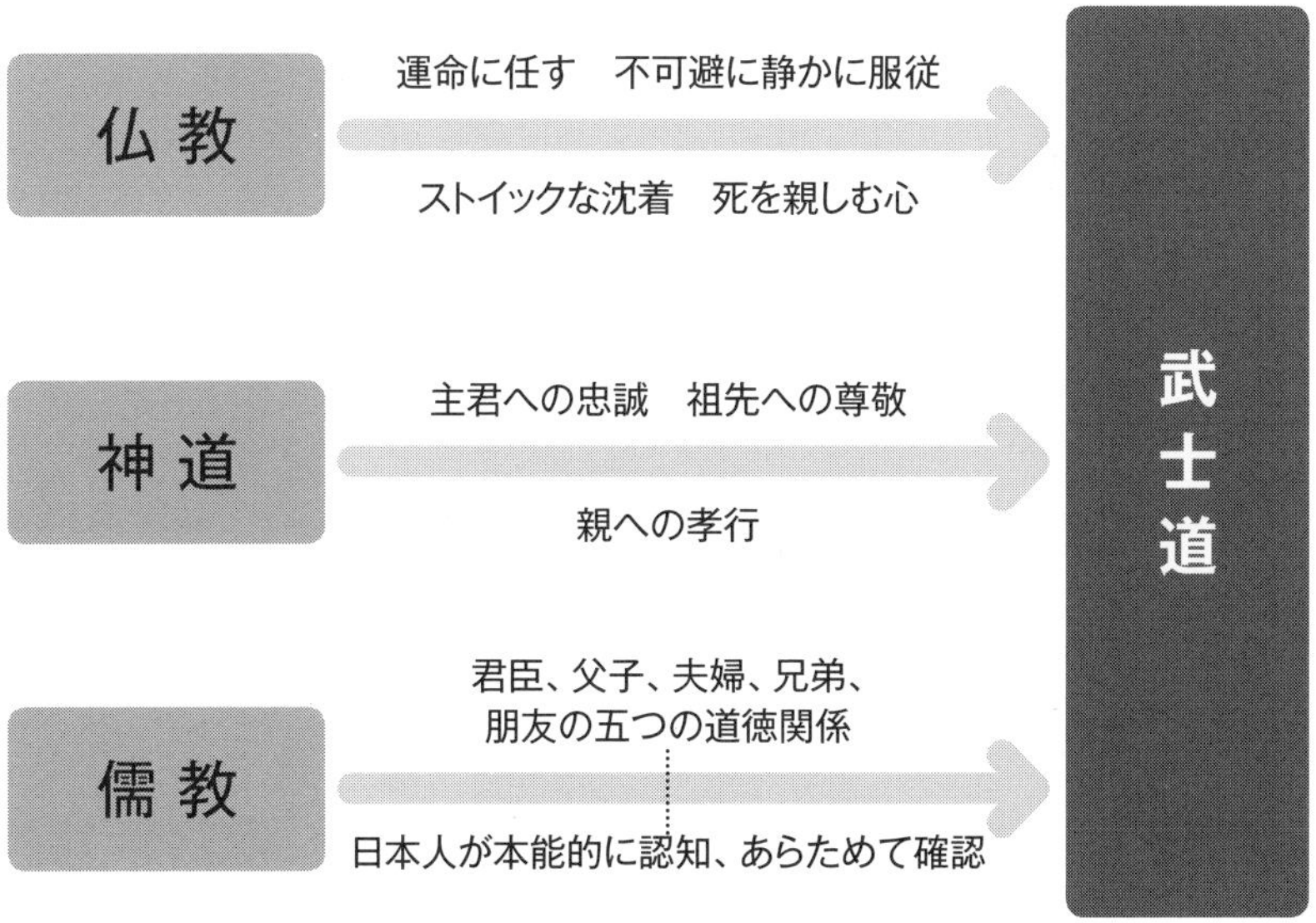

武士道の徳目

第三章から第九章までは、武士道の教え、徳目について説明している。その徳目とは、

義、勇、仁、礼、誠、名誉、忠義

である。これらの各徳目間で関連づけがなされているのが、新渡戸の『武士道』の特徴と言えよう。

では、それぞれの徳目はどのようなものなのか、順を追って見ていこう。

義

「義は武士の掟《おきて》中最も厳格なる教訓である。武士にとりて卑劣なる行動、曲がりたる振舞いほど忌むべきものはない。」

義――正義のことであるが、武士にとって卑怯な行動や不正な行為ほど、嫌い、避けるべきものはなく、もっとも厳格な教えであるという。

そして、**「義と勇とは双生児《そうせいじ》の兄弟であって、ともに武徳である。」**としている。つまり、義と勇とは双子の兄弟のような関係にあり、義を実践するために必要とされるのが勇というわけである。

孔子の「義を見てなさざるは勇なきなり」という言葉を積極的に言い直し、

勇

「勇とは義《ただ》しき事をなすことなり」

としている。そして、

「勇気は、義のために行われるのでなければ、徳の中に数えられるにほとんど値《あたい》しない。」

と述べている。義、正義のためにふるわれる勇気でなければ、徳とは言えない。ただ勇敢というのでは不十分というわけだ。いくら勇敢でも、そこに正義がなければならないのである。

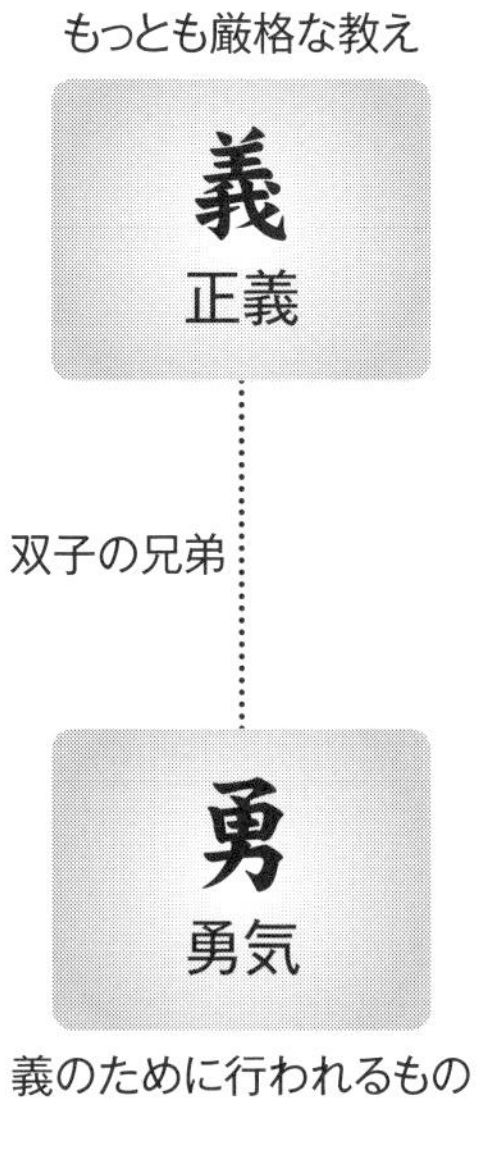

仁

「愛、寛容、愛情、同情、憐憫《れんびん》は古来最高の徳として、すなわち人の霊魂の属性中最も高きものとして認められた。」

仁は、王者の徳、為政者の徳であるとしている。

また、仁を「慈悲」としても説明し、**「弱者、劣者、敗者に対する仁は、特に武士に適《ふさ》わしき徳として賞讃せられた。」**という。つまり、武士の情け、弱いものに対する思いやりが武士の仁だと説明しているのだ。

そして、**「他人の感情を尊敬することから生じる謙虚・慇懃《いんぎん》の心は礼の根本をなす。」**として礼に続く。

礼

「もし単に良き趣味を害《そこな》うことを怖れてなされるに過ぎざる時は、礼儀は貧弱なる徳である。真の礼はこれに反し、他人の感情に対する同情的思いやりの外に現われたるものである。」

礼は、他人の気持ちを思いやる心のあらわれだという。

そして、

「それはまた正当なる事物に対する正当なる尊敬、したがって社会的地位に対する正当なる尊敬を意味する。」

つまり、礼は社会的地位に対して相応の敬意を払うことであるとしているのだ。

仁

愛、寛容、愛情、
憐憫、弱いものに
対する思いやり

礼

他人の気持ちを
思いやる心のあらわれ

誠

「信実と誠実となくしては、礼儀は茶番であり芝居である。」

礼には誠がなければならない。誠は礼を支える徳というわけである。

「武士の高き社会的地位は、百姓町人よりも高き信実の標準を要求した。」

高い身分である武士は、農民や商人よりも高いレベルの正直さ、誠実さが求められたという。そして「武士の一言」を挙げ、武士の一言は、その言葉が信実であることの十分な保証。約束は証書なしに結ばれ、実行された。武士にとって証文を書くことがふさわしくないと考えられた、としている。武士は一旦口に出したことは命がけで守らなければならないのである。

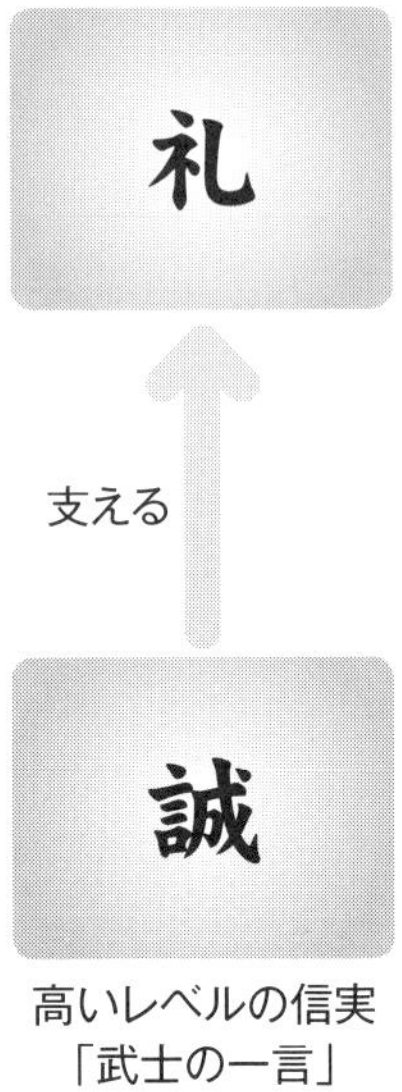

名誉

「名誉の感覚は人格の尊厳ならびに価値の明白なる自覚を含む。したがってかの生まれながらにして自己の身分に伴う義務と特権とを重んずるを知り、かつその教育を受けたる武士を、特色づけずして措《お》かなかった。」

武士のもっとも求める徳が名誉であるという。名誉や名声が得られるのであれば、生命でさえ安価だと考えられたとしている。だから、生命よりも高価だと考えられることが起きれば、平静、迅速に生命を棄てたのだという。

そして、**「いかなる生命をこれがため犠牲にするとも高価なるに過ぎずとせられし事由の中に、忠義があった。」**としている。つまり、大きな名誉を得られるもののなかに、忠義があるというわけだ。

忠義

「封建道徳中他の諸徳は他の倫理体系もしくは他の階級の人々と共通するが、この徳——目上の者に対する服従および忠誠——は截然《せつぜん》としてその特色をなしている。」

忠義、それは目上の者に対する服従と忠誠。封建道徳特有のものである。ただし、忠義は、無分別な服従ではなく、諂《へつら》いや追従でもないとしている。主君が間違っている場合には、命をかけてでもいさめなければならない。忠義とは武士の名誉を求める行動なのだという。

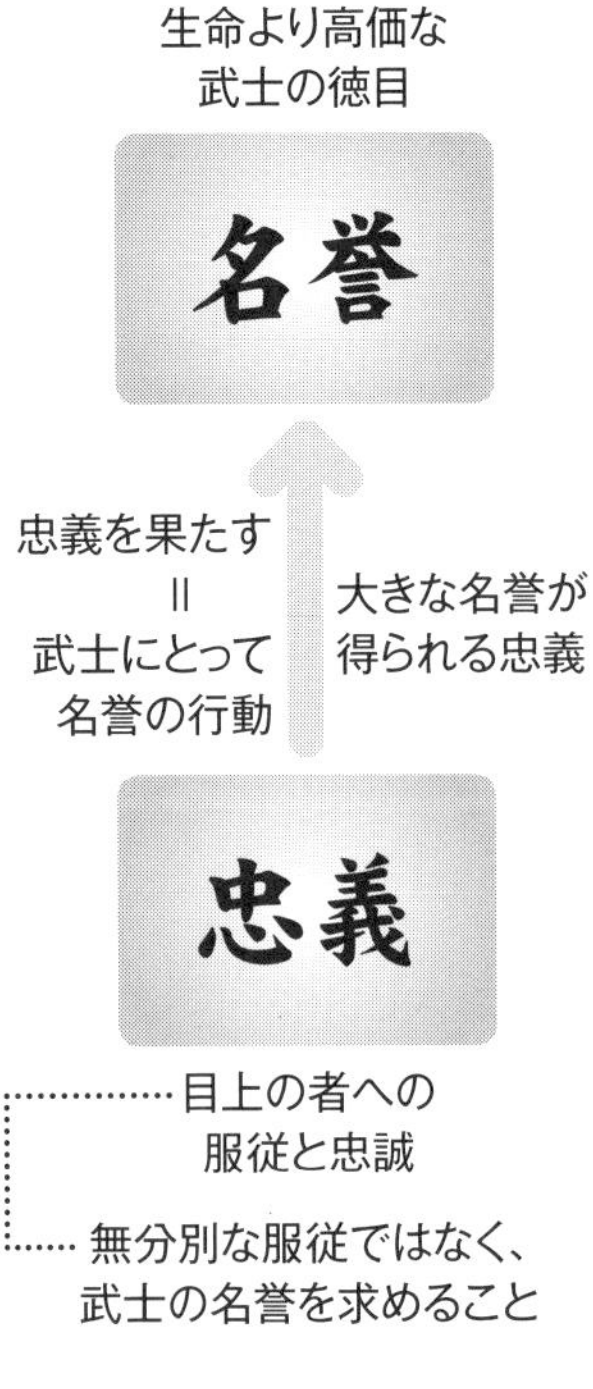

宮本武蔵『五輪書』をひもとく

勝つための指南書――『五輪書』

宮本武蔵の著として伝えられる『五輪書』は、兵法書であるが、優れた古典として現代に至るまで読み継がれている。それは『五輪書』が、兵法の領域をはるかに超え、人生の哲学書としても読むことができるからであろう。

ひたすら剣に生きた武蔵は、「敵に勝つ」ことだけを目的とした。そこに必要のないことをすべて捨て去り、徹底した合理主義に生きたのである。その精神が『五輪書』にはあふれている。だからこそ、『五輪書』に学ぶ意義は大きい。

仕事や人生において役立つ教え、この時代を生き抜くためのヒントなど、さまざまなものを得ることができるだろう。なぜなら、現代のビジネス社会は競争社会であり、ある意味「戦い」である。「戦い」に勝つための指南書がまさに『五輪書』であるからだ。

今から約三百七十年前、寛永二十年（一六四三年）、九州・肥後の金峰山のふもとの霊巌寺の洞窟で、自分の余命が少ないことを悟って、『五輪書』を書き始めた。およそ五十年にわたる命がけの修行の集大成とも言うべき兵法の極意書である。

武蔵はこの『五輪書』の完成に二年を費やし、完成後、一年ほどで亡くなったと言われる。

「千日の稽古を鍛とし、万日の稽古を練とす。」

――宮本武蔵『五輪書』

宮本武蔵とは？

では、宮本武蔵とはどのような人物だったのであろうか？

実は、武蔵の生涯は、はっきりわからない。確実な資料と言えるものは少なく、その一つに、『五輪書』地の巻の序文がある。

「兵法《へいほう》の道《みち》、二天一流《にてんいちりゅう》と号し、数年鍛練《たんれん》の事、初而書物《はじめてかきもの》に顕《あら》はさんと思ひ、時に寛永《かんえい》二十年十月《かんなづき》上旬の比《ころ》、九州肥《ひ》後《ご》の地岩戸山《いわとのやま》に上り、天を拝し、観音《かんのん》を礼《らい》し、仏前にむかひ、生国播磨《しょうごくはりま》の武士《ぶし》新免武蔵守藤原《しんめんむさしのかみふじわら》の玄信《げんしん》、年つもつて六十。

我、若年のむかしより兵法《へいほう》の道《みち》に心をかけ、十三歳にして初而勝負《はじめてしょうぶ》をす。其《そ》のあいて、新当流有馬喜兵衛《しんとうりゅうありまきへえ》といふ兵法者《へいほうしゃ》に打勝《うちか》ち、十六歳にして但馬国《たじまのくに》秋山といふ強力《ごうりき》の兵法者に打勝つ。廿一歳にして都へ上り、天下の兵法者にあひ、数度の勝負をけつすといへども、勝利を得ざるといふ事なし。其後国々所々《くにぐにところどころ》に至り、諸流《しょりゅう》の兵法者に行合《ゆきあ》ひ、六十余度迄《まで》勝負すといへども、一度も其利《そのり》をうしなはず。其程《そのほど》、年十三より廿八、九迄の事也《なり》。

『五輪書』(地の巻)

〔訳〕 わが兵法の道を二天一流と号し、数年鍛練してきたことを、初めて書物に書き著そうと思い、ときに寛永二十年十月上旬の頃、九州肥後の岩戸山に登り、天を拝し、観音を礼拝し、仏前に向かった。播磨生まれの武士である新免武蔵守、藤原の玄信、年を重ねて六十歳。

自分は、若いときから兵法の道に心掛け、十三歳のときに初めて勝負をした。その相手、新当流の有馬喜兵衛という兵法者に打ち勝った。十六歳のとき、但馬国の秋山という手強い兵法者に打ち勝った。二十一歳のときに京都に上り、天下の兵法者にあい、数度の勝負を行ったが、勝利を得ないということはなかった。その後、諸国の至るところをまわり、諸流派の武芸者と行きあい、六十余度まで勝負したが、一度も勝利を失うことはなかった。それは十三歳から二十八、九歳くらいまでのことである。

序文では、生国、播磨の武士とされているが、武蔵の生地については諸説あって明らかではない。生まれたのは美作国とする説が、長い間通説とされてきた。また生まれた年についても諸説ある。地の巻の序文にしたがえば、武蔵の生年は天正十二年（一五八四年）となるが、異なる説もある。

武蔵は若いときから兵法の道を志し、十三歳のときに初めて勝負し、有馬喜兵衛という兵法者に勝つ。十六歳のとき秋山某という兵法者と試合をして勝つ。「六十余度迄勝負す」と序文にあるように、若き日の武蔵は、数多くの兵法者と戦い続けたのである。そして、その間一度も敗れたことがなかったのだ。

武蔵は、慶長十七年(一六一二年)四月、関門海峡に浮かぶ小島、巌流島で佐々木小次郎と対決し、船のカイで作った木刀で一瞬に小次郎を打ち倒したと伝えられている。これが有名な巌流島の決闘である。決闘の後、武蔵はなぜかその姿を消してしまう。

その後、細川の城下町に姿を見せたのは、巌流島の決闘から二十数年経ってからのことであった。寛永十七年(一六四〇年)、武蔵は細川忠利の招きに応じて熊本へ入り、客分として遇された。

そして、先に触れた通り、霊巌寺の洞窟で『五輪書』を書き、完成後一年ほどで病没した。ときに六十二歳と言われる。

『五輪書』の構成

『五輪書』は、仏教の「地・水・火・風・空」という言葉をかりた五巻から成っており、それぞれの巻は、おおよそ次のような内容になっている。

地の巻	兵法二天一流の概要、基本的な考え方
水の巻	心の持ち方、構えなど、太刀筋の大略
火の巻	兵法の実際の技法、敵に勝つための技法
風の巻	他の諸流との相違、二天一流の優れている点
空の巻	二天一流の究極、武蔵の人生観

山本常朝『葉隠』をひもとく

現代にも通じる処世訓・処世術――『葉隠』

『葉隠』は、「武士道といふは、死ぬ事と見付けたり」の一文で有名な代表的な武士道書である。

武士道書ではあるが、『葉隠』の内容は具体的であり、日常生活に即した実践的な思想書とも言える。

上司・部下との接し方、意見の述べ方、客の迎え方、客としてのふるまい方、酒席・酒の飲み方など、現代にも通じる処世訓・処世術が懇切丁寧に説かれている。日常の仕事に役立つ知恵、また人生のヒントとなる教えにあふれているのである。

「武士道といふは、死ぬ事と見付けたり。」

――山本常朝『葉隠』

死に身になる――生に真摯に向き合う

なお、「武士道といふは、死ぬ事と見付けたり」と聞くと、死を美化・奨励しているのではという誤解があるかもしれないので、ここで補足しておこう。

この一文に続いて、次のように述べている。

「武士道といふは、死ぬ事と見付けたり。二つ〳〵の場にて、早く死ぬかたに片付くばかりなり。別に仔細なし。胸すわつて進むなり。圖に當らぬは犬死などといふ事は、上方風の打ち上りたる武道なるべし。二つ〳〵の場にて、圖に當るやうにわかることは、及ばざることなり。我人、生きる方がすきなり。多分すきの方に理が付くべし。若し圖にはづれて生きたらば、腰拔けなり。この境危ふきなり。圖にはづれて死にたらば、犬死氣違なり。恥にはならず。これが武道に丈夫なり。毎朝毎夕、改めては死

にく、常住死身なりて居る時は、武道に自由を得、一生越度《をちど》なく、家職を仕果すべきなり。」

『葉隠』（聞書第一）

〔訳〕武士道の本質は死ぬことであると悟った。死ぬか生きるか、二つに一つという場合に、死を取るというだけのことである。別に、理屈はない。腹をすえて進むまでである。「目的を果たさずに死ぬのは犬死だ」などと言うのは、上方風の思い上がった武士道である。二つに一つという場合、必ず目的を遂げるということはできるものではない。人はだれでも生きるほうが好きなものだ。人は好きなほうに理屈をつけるものだ。だが、目的を果たせず、生きながらえるのは腰抜けである。ここが危うい瀬戸際だ。目的を果たせず死ねば犬死だが、少しも恥ではない。これが武士道の根本である。毎朝毎夕、繰り返し命を捨てる修行を積んだときに、初めて武士道が身につき、一生失敗なく家職を果たすことができるのだ。

生か死か、二つに一つの場合には、死を選択するべきとしているのである。決定的な場面では自分の利害に関係なく身を処すということである。だから、死を美化しているわけでも、奨励しているわけでもない。とくに、最後の部分には生涯つつがなく奉公するための心得が示されている。

日々、死に身になる。これは、一日一日、生に真摯《しんし》に向き合うこと。一心に修行に励むことによって、一生、無事に奉公することができるのだと説いているのである。

この教え、現代にも通じるものがあるだろう。

この組織で生きていくには一日一日が修行だと思うことが大切だ
修行ですか？
そう 修行だ 別の言い方をすれば 日々 仕事に真摯に取り組むことだ 毎日 毎日 仕事と向かい合えば 無事に職務もまっとうできるというものだ

『葉隠』と山本常朝

ところで、『葉隠』という書物についてもう少し説明しておこう。

『葉隠』は、佐賀鍋島藩の藩士だった山本常朝（一六五九〜一七一九年）が語った話を、田代陣基という若い藩士が書きとめて編集したものである。

当時、山本常朝は、第二代佐賀藩主鍋島光茂が亡くなったあとに仏門に入り、佐賀郊外の草庵に隠棲していた。そこに陣基が訪れたのは常朝五十二歳のとき。座談の日々は続き、享保元年（一七一六年）に『葉隠』は完成した。

常朝の祖父、父ともに鍋島家に仕えた人であった。常朝も九歳から藩主光茂に仕えた。隠棲するまでの間は、小姓、御側役、御歌方、書写物奉行、御書物役、京都役などを歴任する奉公人人生を送ったのである。そんな奉公人生活のなかで、奉公人としてのさまざまな処世術を身につけたのであろう。一方、鍋島武士の魂はしっかり持っており、主君への忠義もとても強いものであった。主君光茂が亡くなったときには追腹（家来が、死んだ主君のあとを追って切腹すること）を望むも、殉死は光茂自身によって禁止されており、望みを果たせず。四十二歳という若さで出家したのはそのためだったのである。

隠棲後の常朝のもとに訪れた田代陣基は、常朝より十九歳年下。陣基は三代藩主綱茂に仕えていたが、わけあってお役を免ぜられ、その翌年に訪問したのであった。役を免ぜられ失意の底にいる青年にとって、常朝の言葉は心にしみるものがあったのだろう。その後、彼は庵に通いつめ、七年の歳月をかけて『葉隠』は成ったのである。

『葉隠』は序文の「夜陰の閑談」のあとに十一巻の聞書が続く。合計千三百四十三項に及ぶ大著であり、次のような構成になっている。

『葉隠』の構成

夜陰の閑談
　序文

聞書第一、二
　教訓

聞書第三
　直茂公（藩祖）のこと

聞書第四
　勝茂公（初代）のこと

聞書第五
　光茂公（二代）のこと

聞書第六
　昔の佐賀藩のこと

聞書第七〜九
　佐賀藩士の言行

聞書第十
　他藩の武士の言行

聞書第十一
　補足・その他

第1章

競争社会を生き抜くための技と心得 ～五輪書～

一、「朝鍛夕練」鍛練の積み重ねによって道を極める

自分が三十歳を越えて、あとを振り返ってみると、自分が勝ったのは、決して兵法を極めたからではない。生まれつき武芸の才能にめぐまれて、天の理にかなっていたためだろうか。それとも他流の兵法が不十分であったためだろうか。そこで、その後なおも深い兵法の道理を得ようと、朝鍛夕練《ちょうたんせきれん》をしてみると、おのずと兵法の道にかなうことができるようになった。わが五十歳の頃である。

『五輪書』（地の巻）

原文

我、三十《みそじ》を越へて跡《あと》をおもひみるに、兵法至極《しごく》してかつにはあらず。をのづから道の器用有りて、天理《てんり》をはなれざる故《ゆえ》か。又は他流《たりゅう》の兵法、不足なる所にや。其後なをもふかき道理《どうり》を得んと朝鍛夕練《ちょうたんせきれん》してみれば、をのづから兵法の道にあふ事、我五十歳の比《ころ》也。

おのれの過去を振り返り、朝に夕に鍛練

地の巻の冒頭で、『五輪書』の序文とされる部分にある一節である。

武蔵は、三十歳を過ぎて自分の過去を振り返り、まだ兵法の道を極めていないと気づき、自分の未熟を痛感したのである。そこで、兵法の道を極めようと、朝鍛夕練

を続けた結果、おのずと兵法の道を極めることができたのだという。武蔵、五十歳頃のことである。

朝鍛夕練――『五輪書』の随所に登場する言葉であるが、朝に夕に鍛練し、その努力の積み重ねによって、自然と兵法の道、兵法の神髄を会得することができたというわけである。

鍛練の積み重ねによって道を極めることができる

これは、兵法の道に限らず、どのような道においても言えることであろう。スポーツにしろ、芸術にしろ、朝夕の鍛練の積み重ねによって、その道を極めることができるのである。

また、仕事においても同じことが言えよう。どのような仕事であれ、毎日のコツコツとした努力の積み重ねが、その仕事の道を極めることにつながるのではないだろうか。

そして、仕事の道を極めることが、競争社会を生き抜いていく道ともなるのであろう。つまり、努力の積み重ねに勝るものはないというわけである。

二、競争社会のなかで生き残るためには

原文

武士の兵法をおこなふ道は、何事におゐても人にすぐるゝ所を本《もと》とし、或《あるい》は一身の切合《きりあい》にかち、或は数人の戦《たたかい》に勝ち、主君《しゅくん》の為《ため》、我身《わがみ》の為、名をあげ身をたてんと思ふ。是《これ》、兵法の徳《とく》をもつてなり。

武士が兵法を行うということは、どんなことにおいても人に勝つということが基本であり、一人の敵との斬り合いに勝ち、数人との集団の戦いに勝ち、主君のために、自分自身のために名をあげ、身を立てようと思うことである。ここに兵法の徳があるのだ。

『五輪書』（地の巻）

武士はどんな場合でも勝たなければならない

武蔵は、武士は何事においても、人に勝たなければならないと説いているのである。

武士の戦いは、基本的に真剣での勝負である。真剣勝負において負けるということは、すなわち即「死」を意味する。

つまり生死をかけた勝負なのだ。だからどんな場合でも勝たなければならないのである。

一対一の斬り合いであっても、集団での対戦であっても。そして、戦いに勝利することによって名をあげ、立身出世を果たしていくのである。

「人に勝つ」という強い気概を持つことの必要性

現代社会では、もちろん斬り合いをすることはない。しかし、ある意味、戦いは尽きない。販売競争、出世競争、○○競争……現代は競争社会だからだ。今日もさまざまなシーンで、競争＝戦いが繰りひろげられている。

競争社会で生き残るためには、競争、つまり戦いに勝たなければならないのである。そして競争に勝つことによって、出世していくことも可能になるだろう。まさに武蔵の言葉と同じである。

武蔵は、「人に勝つ」という強い気概を持つことの必要性を、現代のわれわれに教えてくれているのではないだろうか。勝ちさえすればそれでよい、というわけではないが、ときには「競争に勝つのだ」という強い気持ちを持つことも必要であろう。

三、実戦で役に立たなければ意味がない

原文

又世の中に、兵法の道をならひても、実《まこと》の時の役にはたつまじきとおもふ心あるべし。其義におゐては、何時《いつ》にても、役にたつやうに稽古し、万事に至り、役にたつやうにおしゆる事、是《これ》兵法の実《まこと》の道也。

また世の中に、たとえ兵法を習得しても、実戦には役立たないという考え方もある。その点については、何時《いつ》でも実際に役に立つよう稽古《けいこ》を重ね、あらゆることについても役に立つように教えること、これこそが本当の兵法の道である。

『五輪書』(地の巻)

実践で力を発揮してこその兵法

前項に続けての言葉である。いくら兵法を習ったところで、実戦で役に立たなければ意味がない。どんなときでも実践的に役立つように訓練する。どんなことについても、役立つように教えることが真の道だとしている。

実戦で力を発揮することができてこその兵法である。いざというときに役に立たない兵法を身につけてもしかたがない。そうならないためにも、いつでも役に立つように訓練するのが重要なのだという。武蔵の実用志向の

あらわれと言えよう。

現場で使える知識・スキルなのか？

何事も役に立つから意味があり、役に立つよう訓練したり、練習を行ったりするのである。仕事の知識やスキルなども同じであろう。身につけたものが、実際の仕事の現場では役に立たないというのでは意味がない。時代がどんどん流れていく現代社会。身につけた知識やスキルがあっという間に古くなり、通用しなくなることもあるはずだ。また、形はできていたとしても、それが実践で使いものにならないというのも困りものだ。

自分の知識やスキルが、今のビジネスの現場で通用するものかどうかを考えてみよう。場合によっては、実戦で役立つように、新たに知識を習得したり、訓練し直したりする必要があるかもしれない。

部下指導の場合も同じである

また、武蔵は兵法を教える場合にも実戦で役に立つように説いている。

部下指導の場合などがそうだろう。実際の仕事に役立つように教えなければ、やはり意味がない。あくまで仕事の知識やスキルは、実戦で使えるものでなければならないのである。

その知識や技術は今の現場では通用しないぞ古過ぎだ！
えっこれじゃダメですか
あくまで現場で使える知識やスキルを身につけなければならない

四、九つの基本的な姿勢

わが兵法を学ぼうとする人には、道を行う法則、すなわち修行の姿勢がある。
第一に、実直な、正しい道を思うこと（邪心を持たないこと）
第二に、道は鍛練を行うこと
第三に、兵法のみならず、広く多芸に触れること
第四に、自分の職能だけでなく、広く多くの職能の道を知ること
第五に、物事の利害と損得を知ること
第六に、あらゆることについて物事の真実を

原文

我《われ》兵法を学ばんと思ふ人は、道をおこなふ法あり。
第一に、よこしまになき事をおもふ所
第二に、道の鍛練《たんれん》する所
第三に、諸芸にさはる所
第四に、諸職の道を知る事
第五に、物毎《ものごと》の損徳をわきまゆる事
第六に、諸事目利《めきき》を仕覚《しおぼ》ゆる事
第七に、目に見えぬ所をさとつてしる事
第八に、わづかなる事にも気を付くる事
第九に、役にたゝぬ事をせざる事

武蔵の合理的な思考

自分の兵法を学ぼうとする者に対して、武蔵は道と称し、九か条の基本的な姿勢を示している。これらの教え

見分ける力を養うこと
第七に、目に見えないところを悟る（洞察力を養う）こと
第八に、わずかなことにも注意を払うこと
第九に、役に立たない無駄なことはしないこと

『五輪書』（地の巻）

は、現代における仕事の心得とも言うべきものである。

とくに注目したいのは第五条、第九条である。『五輪書』には、武蔵の合理的な精神が随所に見られるが、ここにそれが端的にあらわされているからだ。物事の損得をわきまえる――利益となるか損失となるかを合理的に判断せよということだ。また、役に立たないことはしない――自分の力や与えられている時間は限られている。だから、成果が出ない無駄なことはしないということであろう。現代ビジネスにも通じる合理的な教えと言えよう。

わが兵法を
学ぼうとする者の原則が、
この九か条である

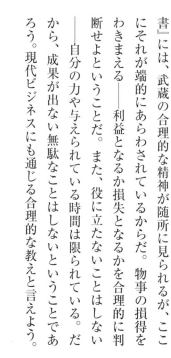

五、目的を達成することが第一

五つの構えとは、上段、中段、下段、右のわき、左のわきを言う。
このように五つに分けるけれども、すべて人を斬るためのものである。構えには五つよりほかにはないが、どの構え（形式）にせよ、構えそのものにはとらわれず、何より敵を斬ること（目的）を考えよ。

『五輪書』（水の巻）

五方の構

原文

五方《ごほう》のかまへは、上段、中段、下段、右のわきにかまゆる事、左のわきにかまゆる事、是五方《このごほう》也。構《かまえ》五つにわかつといへども、皆人をきらん為《ため》也。構五つより外《ほか》はなし。いづれのかまへなりとも、かまゆるとおもはず、きる事なりとおもふべし。

構えはどうあれ、敵を斬るという目的を達成すればよい

構えには五つあるという。上段、中段、下段、右のわき、左のわきである。五つの構えはあるものの、どの構えであっても目的は敵を斬るということである。構えそのものにとらわれてはならないと説く。構えというのは、あくまで形、形式・手段である。どのような形式・手段であっても、敵を斬るという目的を忘れてはならない。

目的を見失って、形式・手段に走ってはならない

仕事にしても同じことが言えるであろう。あくまで仕事も目的を達成することを第一にしなければならない。顧客獲得、売上増、新商品開発……といった目的を達成するために仕事をするのである。

たとえば、会議を行うことやマニュアルを作成することなどが目的となってしまっていないだろうか。これらはあくまで、形式・手段である。目的ではないのだ。ともすると、われわれは目的を見失って、形式・手段に走ってしまうことがある。あらためて、自分の現状を確認してみよう。形式や手段が目的となってしまっていないかを。

六、「有構無構」型にはまらず、形式にとらわれないこと

「有構無構《うこうむこう》」（構えがあって、構えがない）というのは、太刀《たち》を型にはめて構えるべきではないということである。しかしながら、五つの方向（上、中、下、右、左）に向けること（五方の構）は構えと言うこともできよう。太刀は、相手の出方をきっかけに、その場所にしたがい、どのように持とうとも、敵を斬りやすいように持つことである。

『五輪書』（水の巻）

原文

有構無構《うこうむこう》といふは、太刀をかまゆるといふ事あるべき事にあらず。され共《ども》、五方《ごほう》に置く事あれば、かまへともなるべし。太刀は、敵の縁《えん》により、所により、けいきにしたがい、何《いず》れの方に置きたりとも、其敵きりよきやうに持つ心也。

「有構無構」型にとらわれてはならない

これに続けて武蔵は、次のように説いている。

上段も場合によって少し下げれば中段となり、中段も状況によって少し上げれば上段となる。下段もときによって少し上げれば中段となる。また両わきの構えも、位置によって少しなかへ出すと、中段や下段となる。だから「構えというのは、あってない」という理屈になる。

有構無構――型にとらわれてはならないことを説いたものだ。型にはまると動きが鈍くなる。真剣勝負において動きが鈍くなるのは、命取りだ。だから、型にとらわれず、相手の出方に応じて、柔軟に対処しなければならないのである。

形式主義に陥らないこと

これはビジネスにおいても同じである。

もちろん型が大切な場合もあるだろう。しかし、型にとらわれ、形式主義に陥ることの弊害のほうが大きいのではないだろうか。

人も組織も型にはまると、動きが鈍くなるものだ。個人の判断も行動も、組織の意思決定も指示命令も、すべてが遅くなるだろう。現代のビジネス社会では、動きの鈍化は、致命的なものになる。よりスピーディな判断、より迅速な意思決定が求められるからだ。

構えはあってないもの――形式にとらわれるなという武蔵の実用的な教えは、われわれにとっても大事な教訓となるものと言えよう。

七、環境の見極め、状況の判断が成功を左右する

場取りの良否（環境がどのような状況か）を見分けることが大切である。位置をしめるのに、太陽を背にするということがある。これは太陽をうしろにして構えるのである。もし、その場所によって、太陽をうしろにすることができないようなときには、太陽を右のわきにおくようにせよ。

『五輪書』（火の巻）

原文

場《ば》のくらいを見わくる所、場におゐて日をおふといふ事有り、日をうしろになしてかまゆる也。若《も》し所により、日をうしろにする事ならざる時は、右のわきへ日をなすやうにすべし。

環境がどのような状況にあるのかを見極めること

これに続き武蔵は、相手を難所、劣勢に追いつめていくための場取りについて説明している。

太陽を背に受け立つ。座敷内でも明りをうしろ、または右わきにする。また、自分のうしろがつかえてしまわないように、左側を広くゆとりのあるようにする。夜でも火をうしろに背負い、明りを右わきにする、というように詳細に述べているのだ。

環境がどのような状況にあるのかを見極め、戦いを有

利に進めていくための場取りの重要性を説いているのである。

環境を見極め、どのように対応するべきかを判断

どのような環境の下におかれているのか、その状況判断は、現代のわれわれにとっても重要なことである。職場の環境、市場の環境、さまざまな環境を見極め、どのように対応するべきかを判断する、このことは、ビジネス・仕事が成功するかどうかを大きく左右するからだ。

たとえば、いくら優れた製品を開発しても、市場の環境が整わないうちに、その製品を投入したら、市場からは受け入れられないだろう。そうなれば、市場競争に負けるばかりでなく、せっかくの製品開発も無駄になるということだ。そうならないためにも、環境の見極め、状況の判断をしっかりと行わなければならないのである。

場取り、環境がどのような状況かを見分けることが大切
太陽を背に位置するべし

八、「枕をおさえる」先手を取ることが重要

「枕をおさえる」とは、「頭を上げさせない」ということである。兵法、勝負の道にあっては、相手に自分を引きまわされ、後手にまわることはよろしくない。何とかして敵を思いのままに引きまわしたいものである。したがって相手もそのように思い、自分もその気があるわけであるが、相手がどう出ようとしているのかを察知することができなければ、先手を取ることができない。

『五輪書』（火の巻）

原文

枕《まくら》をおさゆるとは、かしらをあげさせずといふ心也。兵法勝負の道にかぎつて、人に我身をまわさされてあとにつく事悪《あ》しし。いかにもして敵を自由にまわし度《た》き事なり。然《しか》るによつて、敵もさやうに思ひ、我も其心あれども、人のする事をうけがわずしては叶《かな》ひがたし。

「枕をおさえる」
敵の出鼻をくじき
敵に頭を上げさせず
敵を引きまわす

先手を取れるかどうかが勝敗の分かれ目

「枕をおさえる」とは、相手の動きを頭から押さえる、相手の出鼻をくじき、先手を取るというものである。戦いでは、先手を取れるかどうかが勝敗の分かれ目となる。ただし、相手も先手を取りたいと思うわけだから、相手の動きを察知し、先に動かなければ先手は取れない。

ビジネスにおいても先手必勝

何事においても、先手を打って行動することは大切なことであろう。「先手必勝」という言葉もあるくらいだから、とくに戦いの場面では重要である。

兵法に限らず、ビジネスにおいても先手を取りたいものである。後手にまわると、他に遅れを取ることになるのは必至だからだ。そのためには、相手がどのように動こうとしているかを察知し、相手より先に行動しなければならない。

これも競争社会を生き抜くための心得と言えよう。

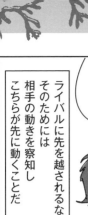

九、「景気」を知る。勝つためには、敵状把握が欠かせない

「景気《けいき》を見る」というのは、大勢の戦いにあっては、敵軍の意気がさかんか、あるいは衰えているかを知り、相手の人数のことを知り、その場の状況に応じて、敵軍の状態をよく観察して、自軍の人数をどう動かし、この兵法を使うことによって確実に勝てるところを呑み込み、先の状況を見通して戦うことを言う。

『五輪書』（火の巻）

原文

景気《けいき》を見《み》るといふは、大分《だいぶん》の兵法にしては、敵のさかへおとろへを知り、相手の人数《にんず》の心を知り、其場の位《くらい》を受け、敵のけいきを能《よ》く見うけ、我《わが》人数何としかけ、此兵法の理にて慥《たしか》に勝つといふ所をのみこみて、先《せん》の位をしつてたゝかふ所也。

敵の状態を把握し、先々の戦略を立てる

これは「景気」を知ること、つまり敵状観察の重要性を説いたものだ。兵法においては、相手を知り、その虚をつくというのが常道とされるが、敵の状態を把握し、それに合わせて先々の戦略を立てて戦うというものである。

相手の状態をよく観察し、把握すること。そして、先を見通し、戦略を立てること。このことの重要性は、今日の競争社会にも通じるものである。

「物毎《ものごと》の景気といふ事は、
我智力つよければ、
必ずみゆる所也」

物事の景気というものは、
自分の判断力さえ優れていれば、
必ず見通せるものである

個人間の競争においても、組織間の競争においても、競争に勝つためには、相手の「景気」を知る＝敵状を把握することは欠かせない。

物事の「景気」を知るためには

では、どうすれば「景気」を知ることができるようになるのか？　武蔵は次のように説いている。

「物事の『景気』というものは、自分の智力（判断力）さえ優れていれば、必ず見通せるものである。兵法を思いのままにこなすようになれば、敵の心のうちをよく推察して、勝をしめる手段を数多く見出すことができるものである」

つまり、自分の判断力いかんで、物事の「景気」を見通すことができるというわけだ。そのためには、物事を見る目、判断力を養わなければならない。これは、一朝一夕にできるわけではなく、日頃からの努力の積み重ねが欠かせないことは言うまでもないだろう。

十、「敵になる」相手の心理になって、客観的に見る

「敵になる」というのは、わが身を敵になりかわったものとして（敵の立場に立って）、考えることを言う。世間を見ると、たとえば盗人などが家のなかに立てこもってしまったのを、非常に強い敵のように考えがちである。しかし敵の身になってみれば、世間の人をみな相手とし、追い込まれてしまって、もうどうしようもない気持ちになっているのである。立てこもっている者は雉子《きじ》であり、打ち取りに入り込んでいく者は鷹《たか》なのである。

『五輪書』（火の巻）

原文

敵《てき》になるといふは、我身を敵になり替《か》へて思ふべきといふ所也。世中《よのなか》をみるに、ぬすみなどして家の内へ取籠《とりこも》るやうなるものをも、敵をつよく思ひなすもの也。敵になりておもへば、世中の人を皆相手とし、にげこみて、せんかたなき心なり。取籠るものは雉子《きじ》也、打果《うちはた》しに入る人は鷹《たか》也。

家のなかに立てこもっている盗人は、
非常に強い者と思われる
しかし、
盗人の身になってみれば、
世間を敵にまわし、
追いつめられた気持ちになっているのだ

敵の心理状態を分析推理する

この一節は敵の心理状態を分析推理することの必要性を説いたものである。武蔵の言うように、立てこもっている盗人は強くて恐ろしい者のように思われるが、盗人の立場に立ってみると、世の中を敵にまわして、追いつめられた心境になっているものなのだろう。とてもわかりやすいたとえである。

相手の心理になって客観的に見る

この盗人のたとえのように、相手の心理になってみると、状況を客観的に見ることができるものだ。立場をかえてみるだけで、相手の心理・行動が推測できる場合もある。客観的な視点で見ることによって、新しい発見をすることもあるはずだ。

相手の心理になる、相手の立場に立って客観的に見るという「敵になる」の教え、さまざまな場面で役立つものと言えよう。

十一、特定のものに固執しない

九つの一

他流において大きな太刀を好むものがあるが、わが一流の兵法からすれば、このような流儀を弱者の兵法と判断するものである。

『五輪書』（風の巻）

原文

他に大きなる太刀をこのむ流《りゅう》あり。我《わが》兵法よりして、是《これ》をよはき流と見たつる也。（九つの一）

これでなければと執着してはならない

『五輪書』風の巻では、他流派との技術上の相違点を九つの項目にまとめて、二刀の流儀の本質を明らかにしようとしている。これがその一つめだ。九つの項目は、競争社会を生き抜くための術、またその心得として示唆に富むものなので、その要点を紹介していこう。

この一つめは長い太刀を好む流派を批判したものである。太刀の長さに頼るのは心の弱さ。「大は小を兼ねる」とのことわざもあり、むやみに長い太刀を嫌うものではないが、ただ、「長い太刀でなければ」と執着する心を武蔵は嫌うとしている。

現代で言えば、たとえば道具がそうであろうか。よい道具があったに越したことはない。しかし、これでなければと執着してはならないのだ。道具に限らず、そもそも目的を達成することができればよいのである。

十二、力まかせは無意味。小細工では後手となる

原文

太刀につよき太刀、よわき太刀といふ事は、あるべからず。つよき心にてふる太刀は、あらき物也。あらきばかりにてはかちがたし。（九つの二）

短き太刀斗《ばかり》にてかたんと思ふ所、実《まこと》の道にあらず。昔より太刀かたなといひて、長きと短きといふ事を顕《あら》はし置く也。（九つの三）

九つの二　そもそも太刀に強い太刀、弱い太刀などということは、あるべきものではない。強い気持ちでふる太刀は粗雑な使い方となる。粗雑な太刀使いでは勝ちを得るのは難しい。

九つの三　短い太刀（小太刀《こだち》）だけを使って勝とうとするのは真実の道ではない。昔から太刀、刀を分けて、長短を言いあらわしている。

『五輪書』（風の巻）

強い力で太刀をふることは無意味である

二つめで武蔵は、強い力で太刀をふるべきではない。そして、力まかせに強引に戦うことは無意味だと説いている。兵法に限らず、何事も力まかせに、無理やり行ってもうまくいかないものである。この項で、武蔵は次のように述べている。

「物毎《ものごと》に勝つといふ事、道理なくしては勝つ事あたはず」

つまり、戦いに勝つことは、正しい道理なしにはありえない。まったくその通りである。

小技や小細工は通用しない

三つめは、短い太刀だけで勝とうとすることについて批判したものである。短い太刀をとくに愛用する者は、敵がふるう太刀の間をぬって、飛び込もう、つけ入ろうと思うものであり、敵の隙を狙うことばかり考えていると、すべてが後手となるとしている。

小技を使ったり、小細工を弄《ろう》したりしていると、後手にまわってしまうことになるのは、現代でも同じであろう。

そもそも、現代の競争社会では、小技や小細工は通用しない。その場はしのぐことができても、その先はないからだ。

十三、目的に集中する。守りの構えでは勝てない

九つの四　他流において、数多くの太刀の使い方を人に伝えているのは、兵法を売りものにしたてて、太刀の使い方をいろいろ知っていることを初心者に感心させるためであろう。これは兵法でもっとも嫌うべき心である。

九つの五　太刀の構えを重視するのは、あやまった考え方である。世間一般には、構えをするということは、敵がいない場合のことであろう。そのわけは、これが昔からの先例であり、これが今の時代の法だなどと、定まった型をつくることは勝負の道にはありえない。相手にとって具合が悪いように仕組んでいくのが勝負の道なのである。

『五輪書』（風の巻）

原文

太刀のかず余多《あまた》にして、人に伝ゆる事、道をうり物にしたてゝ、太刀数《かず》おほくしりたると、初心のものに深く思はせん為成《ためな》るべし。兵法にきらふ心也。（九つの四）

太刀のかまへを専《せん》にする所、ひがごとなり。世の中にかまへのあらん事は、敵のなき時の事なるべし。其子細は、昔よりの例《ためし》、今の世の法《のり》などとして、法例をたつる事は、勝負《しょうぶ》の道には有るべからず。其あいてのあしきやうにたくむ事なり。（九つの五）

本質をはなれ、形にとらわれてはならない

四つめは、太刀数を多く覚えても実戦では通用しないということ。太刀数が多い流派は、武芸を商売にしてい

ると批判するものだ。敵を斬るということが本質的な目的であって、形が多くあっても意味がないのである。

仕事の本質をはなれて、形にとらわれていることはないだろうか。競争においては、勝つという目的を果たすことに集中しなければならないのだ。

構え方にこだわってはならない

五つめは、太刀の構え方にこだわることを批判したものである。武蔵は説く。物事の「構え」というのは、動かされない場合に用いる言葉。城を構える、陣を構えるのように。兵法では、何事も先手を心掛けるものである。構えというのは、仕掛けられるのを待っている状態である。

ビジネスにおける構えにも、「攻め」の要素がなければならないのだろう。競争に勝利するためには、攻めて、先手を取る構え、そうした態勢が必要である。

仕掛けられるのを待っているだけの守りの構え、守りの態勢だけでは、競争に勝つことができないことは言うまでもない。

十四、小事にばかり注目せず、「常の足」を心掛ける

九つの六　他流では目付《めつけ》といって、それぞれの流儀により、敵の太刀に目をつけるもの、手に目をつけるもの、または顔に目をつけるもの、あるいは足などに目をつけるものがある。このように、とりわけてどこかに目をつけようとすれば、それに迷わされて、兵法のさまたげとなるものである。

九つの七　足のふみ方に、浮足《うきあし》、飛足《とびあし》、はね足、ふみつける足、からす足などといって、いろいろと足を速く使う方法がある。これらは、わが兵法から見て、すべて不十分と思われる。

『五輪書』（風の巻）

原文

目付《めつけ》といひて、其流《そのりゅう》により、敵の太刀に目を付《つ》くるもあり、亦《また》は手に目を付くる流もあり。或《あるい》は顔に目を付け、或は足などに目を付くるもあり。其ごとく、とりわけて目をつけむとしては、まぎるゝ心ありて、兵法のやまひといふ物になるなり。（九つの六）

足のふみやうに、浮足《うきあし》、飛足《とびあし》、はぬる足、ふみつむるあし、からす足などといひて、色々《いろいろ》さつそくをふむ事あり。是《これ》皆、我《わが》兵法より見ては、不足におもふ所也。（九つの七）

細かな部分に目を取られてはならない

六つめは、兵法において、敵のどこに目をつけるかと

いうものである。敵の特定の部位に目をつけて、敵の動きを見ようとするのは、自分を迷わせるものだとし、兵法では、相手の心に目をつけるものだと説く。そして、細かな部分に目を奪われてはならない。それは大局を見失い、心に迷いを生じさせることになるからだと言う。

仕事においても同じであろう。小事にばかり注目していると、物事の全体を見通すことができなくなる。そうならないためにも、日頃から、細かなところばかりに目を奪われないよう、注意したいものである。

足づかいは、平常の場合とかわらないように

七つめは足づかいについてである。他流では、いろいろと足を使う方法があるが、武蔵はどれも不十分であるとしている。戦いのときであっても、足づかいは、平常の場合とかわることがなく、ふだん道を歩むように、急ぐときも、静かなときも、体の状態に合わせて、足が乱れないようにすべきとしている。つまり、「常の足」である。

仕事も、浮き足立って事を進めようとすれば、失敗するものだ。どのようなときも、「常の足」を心掛けたい。

十五、効率と、各人の技量に合わせることを考える

九つの八　兵法にあって、剣さばきの速いこと（見た目の速度）を尊ぶのは正しい道ではない。速いというのは、拍子に合っていたり、合っていなかったりすることによって、剣さばきの速い遅いということがあるのである。どんな道でも、上達した場合には決して速いとは見えないものである。

九つの九　兵法にあって、何を表、何を奥ということができようか。芸によっては、ときおり、極意、秘伝などと称して、奥儀に通ずる入口があるけれども、いざ敵と打ち合うときになれば、表で闘い、奥で斬るなどというものではない。

『五輪書』（風の巻）

原文

兵法のはやきといふ所、実《まこと》の道にあらず。はやきといふ事は、物毎《ものごと》に拍子《ひょうし》の間《ま》にあはざるによつて、はやきおそきといふ心也。其道上手《じょうず》になりては、はやく見へざる物也。（九つの八）

兵法のことにおゐて、いづれを表《おもて》といひ、何《いず》れを奥《おく》といはん。芸により、ことにふれて、極意《ごくい》・秘伝《ひでん》などといひて、奥口《おくぐち》あれども、敵と打《うち》合《あ》ふ時の理におゐては、表にてたゝかい、奥をもつてきるといふ事にあらず。（九つの九）

上達すれば速いとは見えない

八つめは、兵法では速さを重視するべきではないとしたものである。上手な人のなすことは、いかにもゆっく

りとしていて、しかも間をはずさない。よく熟達した人のすることは、忙しそうには見えないものだと説く。テキパキと効率よく仕事をこなしている人こそ、忙しそうには見えないものである。「忙しい、忙しい」と言う前に、効率的に仕事を行っているのかを考えてみるべきである。

技術に応じて、早くできそうなところから習わせる

九つめは、表、奥などと言っているのは、実戦ではまったく意味がないと批判したものだ。これに続き、武蔵の弟子の指導法について説かれている。

初めて学ぶ人に対しては、その人の技術に応じて、早くできそうなところからまず習わせ、早く理解できるような道理を先に教える。理解しがたい道理については、その人の理解が進むのにしたがって、しだいに深い道理を教えていくというものである。

部下指導において、とても参考になるものと言えよう。画一的な指導をするのではなく、各人の技量に合わせて指導する。習熟度に合わせてレベルアップしていくことによって、個々の能力・技術をのばしていく方法である。

第2章

巧みな対人関係術と心理戦術 ～五輪書～

一、「一拍子の打」一気に自分のペースに引き込む

敵を打つのに、「一拍子《ひとつひょうし》の打」と言って、敵とわれとが、太刀の届くほどの位置をしめて、敵の心構えがまだできないところに、自分の身も動かさず、心もそのままに、すばやく一気に打つ拍子がある。

『五輪書』（水の巻）

原文

敵を打つ拍子に、一拍子《ひとつひょうし》といひて、敵我《てきわれ》あたるほどのくらいを得て、敵のわきまへぬうちを心に得て、我身《わがみ》もうごかさず、心も付《つ》けず、いかにもはやく、直《すぐ》に打つ拍子也。

先を制して打ち込む

これは、「一拍子の打」という技について述べたものである。武蔵が、太刀で敵を打つ技法について具体的に説明しているものの一つだ。武蔵の説く数々の技法は、現代社会にあっては、さまざまな折衝・交渉、また対人関係における主導権争いなどにおいて、大いに参考になるものである。

「一拍子の打」は、相手の心構えができていないうちに、先を制して打ち込むというものである。

こちらの動きを相手に察知されないように、相手の心を読む。そして、相手の心の準備ができる前に、一気に攻め、自分のペースに引き込む。現代でも交渉術の一つとして使えるものであろう。

引き続き、武蔵の技法のいくつかを紹介していこう。

二、「二の腰の打」フェイントをかける技法

「二の腰の拍子」というのは、自分が打ち出そうとしたとき、敵のほうがより早く退き打ってくるようなときは、まず打つと見せ、敵が一時緊張したあとの、わずかな気のゆるみが出たところを、すかさず打ち、引いて気のゆるみが出たところを打つ、これが二の腰の打ちである。

『五輪書』(水の巻)

原文

二のこしの拍子、我《われ》打ちださんとする時、敵はやく引き、はやくはりのくるやうなる時は、我打つとみせて、敵のはりてたるむ所を打ち、引きてたるむ所を打つ、是《これ》二のこしの打《うち》也。

フェイントをかけ、相手を動揺させる

「二の腰の打」、簡単に言えば、フェイントをかけるということであろう。打つと見せかけ、相手の気がゆるんだところをすかさず狙うというものである。

折衝・交渉の場面では、フェイントをかけ、相手が動揺したところを、一気に自分のペースに引き込む、となるだろう。

武蔵の説く技法は折衝・交渉の場面でも役立つ

三、「無念無相の打」無心になって力を発揮

敵も打ちかかろうとし、われも打ち出そうと思うときに、体も打つ態勢となり、精神も打つことに集中して、手は自然に、すばやく敵の気の間を、空《くう》より強く打つのである。これを「無念無相《むねんむそう》の打」と言って、もっとも大切な打ちである。

『五輪書』(水の巻)

原文

敵も打ちださんとし、我も打ちださんと思ふ時、身も打つ身になり、心もうつ心になつて、手はいつとなく空《くう》より後《あと》ばやにつよく打つ事、是《これ》無念無相《むねんむそう》とて、一大事《いちだいじ》の打也。

自然体で事に臨む

無念無相——何も思うことなく、無になって相手にあたる。敵も自分も同時に打ち出そうとする場合には、戦略・戦法を考えている時間はない。無意識に、自然体で打ち込まなければならず、そこには迷いがあってはならないのである。

ビジネスシーンにおいても、あれこれと考えている余裕がない場面に出くわすこともあるだろう。時間的な余裕がなく、とっさに行動しなければならないこともある。そんなときには、無心になって、自然体で事に臨む。そのほうが好結果を生むのではないだろうか。

ただし、無心になって力を発揮するためには、日頃からの鍛練の積み重ねが欠かせないことをつけ加えておきたい。

一拍子の打
機先を制して
すばやく一気に打つ
二の腰の打
打つと見せかけて
敵を動揺させ、そこを狙う
無念無相の打
何も思わず無になって
自然体で打ち込む
ここは一つ
フェイントをかけてみよう
相手の動揺を誘って
主導権を握るのだ
ところで
はっ
えっ

四、「流水の打」相手が動いたところがチャンス

「流水の打」とは、敵と五分五分になってせり合うとき、敵が早くはずそう、早く太刀をはねのけようとするのを、こちらは身も心も大きく持ち、太刀は体よりも遅く、いかにもゆっくりと、あたかも川の流れがよどんで一旦静止するように、大きく力強く打つのである。

『五輪書』（水の巻）

原文

流水《りゅうすい》の打《うち》といひて、敵相《てきあい》になりてせりあふ時、敵はやくひかん、はやくはづさん、早く太刀《たち》をはりのけんとする時、我身《わがみ》も心も大きになつて、太刀を我身のあとより、いかほどもゆる〱と、よどみのあるやうに、大きにつよく打つ事也。

相手が動きを見せたとき、自分のペースに引き込む

相手と互角に戦っているとき、相手がかわそうとしたら、ゆっくりと大きく打つというものである。

互角の戦いでは、緊張感が張りつめ、それに相手がたえられず、動きを見せたとき、大きく自分のペースに引き込んでいく。つまり、相手が動いたところがチャンスとなるというわけである。緊張感がただよう交渉の場面などで使えるものであろう。

五、「縁のあたり」とにかく打てるところを打つ

こちらが打ち出すとき、敵が打ちとろう、はねのけようとするのを、こちらは一打ちで、頭も打ち、手をも打ち、足をも打つ。太刀筋一つで、どこをも打つというのが「縁《えん》のあたり」である。

『五輪書』（水の巻）

原文

我《われ》打出す時、敵打ちとめん、はりのけんとする時、我打《わがうち》一つにして、あたまをも打ち、手をも打ち、足をもうつ。太刀の道一つをもつて、いづれなりとも打つ所、是縁《これえん》の打《うち》也。

勝利、解決の糸口を見つけるためには

敵の動きをとらえ、狙って打ったところで、必ずしもうまくいくとは限らない。そんなときには、頭でも、手でも、足でも、とにかく打てるところを打つというものである。致命傷には至らなくても、勝利につながる一手になるだろう。

たとえば交渉でも、狙い通り話が進まないことがあるものだ。そんなときは、どこからでもよいから、とにかく話を進めてみる。そうすれば、解決の糸口が見えてくるかもしれない。狙い通りに進まないと手をこまねいても、問題は解決しないものである。

「縁のあたり」
頭でも、手でも、足でも打てるところを打つのだ

六、「石火のあたり」持っている力を集中する

原文

石火《せっか》のあたりは、敵の太刀と我《わが》太刀と付合《つけあ》ふほどにて、我太刀少しもあげずして、いかにもつよく打つ也。是は足もつよく、身もつよく、手もつよく、三所《みところ》をもつてはやく打つべき也。

「石火《せっか》のあたり」とは、敵の太刀とわが太刀とが、くっつくほどの状態で、わが太刀を少しも上げることなく、強引に打つのである。これには、足も強く、体も強く、手も強くして、その足と体と手の三箇所の力をもって、速く打たなければならない。

『五輪書』（水の巻）

自分の力をすべて集めて一気に攻める

石火――火打ち石を打って出す火。極めてわずかな時間、すばやい動作などのたとえに用いる言葉である。全身の力を一点に集中し、一気に打つという技法だ。

持っている力を一点に集中させて、一気に攻める。これも、折衝・交渉の場面で有効なことがあるだろう。

ここぞというときには、自分の力をすべて集めて、また組織の力を結集して、一気に交渉を進めていくのである。

七、「紅葉の打」紅葉が散るように武器を打ち落とす

「紅葉《もみじ》の打」とは、敵の太刀を打ち落として、太刀を取り直すことである。敵がわが前に太刀を構えて、打とう、たたこう、受けようとしているとき、こちらは無念無相の打ち、あるいは石火の打ちなどで、敵の太刀を強く打ち、そのまま、敵の太刀につけて容易にはなれないような気持ちで切先を押し下げつつ打てば、必ず敵の太刀は落ちるものである。

『五輪書』（水の巻）

原文

紅葉《もみじ》の打《うち》、敵の太刀を打ちおとし、太刀取りなをす心也。敵前に太刀を構《かま》へ、うたん、はらん、うけんと思ふ時、我《わが》打つ心は、無念無相《むねんむそう》の打《うち》、又石火《せっか》の打にても、敵の太刀を強く打ち、その儘《まま》あとをねばる心にて、きつさきさがりにうてば、敵の太刀必ずおつるもの也。

相手の武器を打ち落とす

「紅葉の打」とは、敵の太刀を打ち落とす技である。太刀を打ち落とすのを紅葉が散り落ちていくのにたとえたものである。

交渉の場面で、相手の武器を打ち落とす。武器、たとえば相手が用意してきた戦略や交渉のシナリオなどとなるだろうか。それらを打ち落とし、無効なものとすれば、交渉は確実に有利に進めることができるだろう。

流水の打
互角の戦いの場面で
敵が動きを見せたときを狙う
縁のあたり
太刀筋一つで
打てるところを
どこでも打つ
石火のあたり
全身の力を集中して
一気に打つ
交渉が進まない
どこでもいいから
話を進めてみることも
必要だ
では
こちらでは
いかがでしょう
ここは一気に
進めよう
会社組織、全体の
力を結集するんだ
紅葉の打
紅葉が散り落ちていくように
敵の太刀を打ち落とす

八、「かげを動かす」相手の意図を見抜く術

原文

陰《かげ》をうごかすといふは、敵の心の見えわかかぬ時の事也。大分《だいぶん》の兵法にしても、何とも敵の位の見わけざる時は、我《わが》かたよりつよくしかくるやうに見せて、敵の手だてをみるもの也。手だてをみては、各別の利にて勝つ事やすき所也。

「かげを動かす」とは、敵の心の動きが見分けられない場合に取る方法である。大勢の戦いにあっても、何としても敵の状況がわからないときには、こちらから強く仕掛けるように見せて、敵の手段を見分けるものである。手段がわかれば、さまざまな方法で勝つことはたやすいことである。

『五輪書』（火の巻）

敵の出方を探るため、こちらから仕掛ける

敵の意図を見抜く術であり、敵の出方を探るために、こちらから仕掛けてみるというものである。こちらの仕掛けによって、敵が動きを見せる。そこから、敵の意図を読み取り、対応するという一種の心理戦術である。『五輪書』の火の巻には、このような数々の心理戦術が説かれている。次からその戦術のいくつかを紹介していこう。

九、「かげをおさえる」相手の意図を押さえる術

「かげをおさえる」というのは、敵の側からかかってくる意図が見えたときに取る方法である。大勢の戦いにあっては、敵が戦法を仕掛けてこようとするところを、こちらから、その戦法を押さえる動きを強く見せれば、敵はその強さに押されてやり方をかえるものである。そこでこちらも戦法をかえて、敵の先手を取って勝つのである。

『五輪書』(火の巻)

原文

影《かげ》をおさゆるといふは、敵のかたよりしかくる心のみへたる時の事なり。大分《だいぶん》の兵法にしては、敵のわざをせんとする所を、おさゆるといひて、わが方より其利をおさゆる所を、敵につよく見すれば、つよきにおされて、敵の心かはる事也。我も心をちがへて、空《くう》なる心より先《せん》をしかけて勝つ所也。

相手の意図を事前に押さえる

相手が攻撃してくる兆しをとらえ、押さえ込むように強く迎え打つ。そうすると敵は戦法をかえる。そこをとらえて、すかさず攻撃するというものである。

相手の意図を事前に強く押さえ、動揺を誘う。その隙を狙って先手を取る。現代でも使える戦術と言えよう。

十、「移らかす」相手の心を操作する術

物事には、「移らかす」(移らせる)ということがある。たとえば眠りなども移り、あるいはあくびなども人に移るものである。ときが移るということもある。大勢の戦いにおいて、敵が落ち着きなく、ことを急ごうとする気分が見えたときに、こちらは少しもそれに構わぬように、いかにもゆったりと見せると、敵もこちらにつられて、気分がゆるむものである。

『五輪書』(火の巻)

原文

移《うつ》らかすといふは、物毎《ものごと》にあるもの也。或《あるい》はねむりなどもうつり、或はあくびなどのうつるもの也。時のうつるもあり。大分の兵法にして、敵うわきにして、ことをいそぐ心のみゆる時は、少しもそれにかまはざるやうにして、いかにもゆるりとなりてみすれば、敵も我事《わがこと》に受けて、気ざしたるむ物なり。

心理的な誘導作戦

武蔵は、眠気やあくびは人に移るものだとしている。それと同じように、こちらがゆったりとしていると、敵にそれが移り、敵の気分もゆるむものだという。

人間の心理のメカニズムを利用したもので、相手の心をコントロールし、心に隙をつくらせる術である。今日においても使えるテクニックと言えよう。

かげを動かす
こちらから強く
仕掛けるように見せ
敵の出方を探る
では
こちら
では？
交渉相手の意図が
読めないときは
こちらから仕掛けて
相手の反応を見る
かげをおさゆる
相手が攻撃してくる
兆しをとらえ
押さえ込むように
強く迎え打つ
移らかす
こちらはいかにも
ゆっくり構える
敵はそれにつられて
気分がゆるむ
焦らず少しのんびり
構えてみる
相手もそのペースに
乗ってくるはずだ

十一、「むかつかする」相手の心を硬化させる術

原文

むかつかするといふは、物毎《ものごと》にあり。一つにはきわどき心、二つにはむりなる心、三つには思はざる心、能《よ》く吟味有るべし。大分《だいぶん》の兵法にして、むかつかする事肝要《かんよう》也。敵の思はざる所へ、いきどふしくしかけて、敵の心のきわまらざる内に、我利《わがり》を以て先《せん》をしかけて勝つ事肝要也。

「むかつかする」（心を動揺させる・怒らせる）ということは、いろいろな場合にある。一つは危険な場合、二つは無理な場合、三つは予測もしないことが起きた場合である。これをよく研究することである。大勢の戦いでも相手方の心を動揺させることが大切である。敵の予測しないところを、激しい勢いで仕掛けて、相手の心が定まらないうちに、こちらの有利なように先手をかけて勝つことが大切である。

『五輪書』（火の巻）

相手の心理的硬化を狙う作戦

「むかつかする」とは、むっと腹を立てさせること。つまり、怒らせることである。相手の心理的硬化を狙う作戦を説いたものである。怒った相手は冷静ではいられなくなるだろうし、動揺もするだろう。

人を怒らせることは、あまりすすめられたことではないが、ときには必要な場合もあるのではないだろうか。

十二、「おびやかす」相手の心を萎縮させる術

おびえるというのは、物事によくあることで、思いもよらないことにおびえる心持ちである。大勢の戦いにあって、敵を「おびやかす」こととは、目に見えることだけではない。あるいはものの声でおびやかし、あるいは小さな兵力を大きく思わせておびやかし、また横から不意をついておびやかすなど、すべておびやかす方法である。そして敵がおびえた拍子をとらえて、それにつけ込み、勝つのである。

『五輪書』（火の巻）

原文

おびゆるといふ事、物毎《ものごと》に有る事也。思ひもよらぬことにおびゆる心なり。大分の兵法にしても、敵をおびやかす事、眼前《がんぜん》の事にあらず。或《あるい》は物の声にてもおびやかし、或は小を大にしておびやかし、亦《また》かたわきより不斗《ふと》おびやかす事、是《これ》おびゆる所也。其《その》おびゆる拍子を得て、其利を以て勝つべし。

相手の心を萎縮させる作戦

おびやかす――敵に恐怖心を抱かせ、心理的に萎縮させるものである。さまざまな方法で相手をおびえさせ、思いがけず相手が恐怖心を抱いた、その隙を狙うという心理戦術である。人に恐怖心を抱かせるというのも、あまりすすめられたものではない。だが、これもまた必要な場面があるのかもしれない。

十三、「まぶるる」相手とまざり合う術

「まぶるる」というのは、敵とわれとが接近して、互いに強く張り合って、決着がつかなくなったと見たときには、そのまま敵と一つにまざり合って、まざり合ううちに有利な戦法で勝つという、大切な方法である。

『五輪書』（火の巻）

原文

まぶるゝといふは、敵我《てきわれ》手近くなつて、互《たがい》に強くはりあひて、はかゆかざると見れば、其儘《そのまま》敵とひとつにまぶれあいて、まぶれあいたる其うちに、利を以て勝つ事肝要なり。

相手を混戦状態に引き込む作戦

まぶるる——まぎれ入る、まざり合うという意で、混戦状態に引き入れる作戦である。戦いが拮抗《きっこう》状態である場合、敵と一つにまざり合い、まざり合っているなかで有利な方法を見出し、敵に勝つというものである。

相手との拮抗・膠着《こうちゃく》状態が続くときには、あえて相手と「まぶるる」ことによって、その状態を打破することができる場合もあるのだろう。

仕事と「まぶるる」

とても難しい仕事に直面した場合、仕事と「まぶるる」といった気持ちで取り組んでみたらどうだろうか。「まぶるる」うちに、よい解決方法を見出すことができるかもしれない。

むかつかする
敵を怒らせ動揺させる
先方は怒っている
これも戦術の一つ
今後の交渉を
有利に進めるための
戦術となる
おびやかす
不意をつく
大声を上げるなど
さまざまな方法で
敵に恐怖心を抱かせて
心理的に萎縮させる
まぶるる
敵とまざり合い
まざり合っているなかで
有利な方法を見出す
今回の
プロジェクト
かなり
難航しているな
プロジェクトと
「まぶるる」
ぐらいの気持ちで
取り組んで
みるといいぞ

十四、「角にさわる」拠点を集中的に攻める術

「角《かど》にさわる」というのは、どんなものでも強いものを押すのに、そのまま、まっすぐに押し込むのは容易ではないことである。大勢の戦いにあっては、敵の人数をよく観察したうえ、突出したところの角を攻撃して、優位に立つことができる。突出した角が勢いをなくすと、全体も勢いがなくなってくる。その勢いがなくなってくるなかでも、出たところ、出たところを攻めて勝利を得ることが大切である。

『五輪書』（火の巻）

原文

角《かど》にさわるといふは、物毎《ものごと》つよき物をおすに、其儘直《そのまますぐ》にはおしこみがたきもの也。大分の兵法にしても、敵の人数《にんず》を見て、はり出《だし》つよき所のかどにあたりて、其利を得《う》べし。かどのめるに随ひ、惣《すべて》もみなめる心あり。其《その》める内にも、かど〱に心得て、勝利《かつり》を受くる事肝要《かんよう》也。

重要な拠点を集中的に攻撃する作戦

角とは、強く張り出しているところ、つまり重要な拠点のことである。敵の重要な拠点を集中的に攻撃することにより、全体を弱らせ、勝利するという作戦である。重要な一点を集中的に攻める。重要な部分を攻略できれば、全体も弱く衰えていくものである。相手と競い合わなければならない場面で使える戦略・戦術である。

十五、「うろめかす」相手の心を動揺させる術

「うろめかす」（うろたえさせる）というのは、敵にしっかりとした心を持たせないようにすることである。大勢の戦いにあっては、戦場での敵の意図を見抜き、わが兵法の智力により、敵の心を、そこか、ここか、あれか、これかと迷わし、遅いか速いかと迷わせ、敵がうろたえた心となる拍子をとらえて、確実に勝利を得る方法をわきまえることである。

『五輪書』（火の巻）

原文

うろめかすといふは、敵に慥《たしか》なる心をもたせざるやうにする所也。大分《だいぶん》の兵法にしても、戦《たたかい》の場において、敵の心を計《はか》り、我《わが》兵法の智力を以て、敵の心をそこ爰《ここ》となし、とのかうのと思はせ、おそしはやしと思はせ、敵うろめく心になる拍子《ひょうし》を得て、慥に勝つ所を弁《わきま》ゆる事也。

相手の心理的な動揺を狙う作戦

うろめかす――うろたえさせる、狼狽《ろうばい》させるという意味である。敵の心理的な動揺を狙う作戦である。

さまざまな角度・方法でアプローチし、相手の動揺を誘い、狼狽させる。相手が動揺しているうちに、自分のペースに引き込み、主導権を握るというものである。競争を有利に進めるための高度な心理戦術と言えよう。

角にさわる
敵の突出しているところ
一点を集中的に攻める
今月の重点地区は この地区です ここを攻略すれば わが社のシェアは 大きく拡大します と同時に ライバル社のダメージも 大きいはずです
うろめかす
敵をうろたえさせて
敵の心理的な
動揺を狙う
どう する?
さまざまな方法を使って 相手を動揺させ その隙に主導権を握る 競争を有利にするための 心理戦術である
困った な～

十六、「さんかいのかわり」同じことを三回しない

原文

山海《さんかい》の心といふは、敵我《てきわれ》たゝかいのうちに、同じ事を度々《たびたび》する事悪《あ》しき所也。同じ事二度は是非《ぜひ》に及ばず、三度するにあらず。敵にわざをしかくるに、一度にてもちいずば、今一つもせきかけて、其利《そのり》に及ばず、各別替《かくべつかわ》りたる事を、ほつとしかけ、それにもはかゆかずば、亦各別の事をしかくべし。

山海《さんかい》の心というのは、敵とわれとが戦う間に、同じことを度々繰り返すのは、悪いということである。同じことを二度繰り返すのはしかたないが、三度してはならない。敵に技を仕掛けるのに、一度で成功しないときは、もう一度攻め立てても、その効果はなくなる。まったく違う方法を敵の意表をついて仕掛け、それでもうまくいかないときは、さらにまた別の方法を仕掛けるようにせよ。

『五輪書』(火の巻)

「さんかいのかわり」
同じことを三回繰り返してはならない
敵が山と思えば海を
敵が海と思えば山を

同じことを三回してはならない

さんかいのかわり――山海の替りについて説明したものだが、転心法の一つである。同じことを二回行うのは、やむをえないが、三回（山海にかけている）行うのはよくない。同じ手は三度も通用しない。だから、三回めは、敵の意表をついたやり方で仕掛けよと説いている。

マンネリに陥らず、チャレンジ精神を持て

このことは、現代のわれわれに対する教訓とも言えよう。人は一度成功すると、同じ手を何度も繰り返して使いたくなるものだ。しかし、その手が何度も通用するとは限らない。同じことを繰り返すと効果は薄れ、やがてうまくいかなくなる。つまり、マンネリズムである。武蔵はわれわれに、マンネリに陥ってはならない、常にチャレンジする精神を持て、と説いているのだろう。『五輪書』の火の巻には、このような心の転換の必要性、転心法が説かれている。続けて、紹介していく。

十七、「あらたになる」思い切って方針転換

「あらたになる」というのは、敵とわれが戦うときに、もつれる状況になって、うまくいかなくなったとき、自分の意図を振り捨てて、新しく物事を始める心持ちで、その拍子に乗り、勝ちを見出すことである。

『五輪書』（火の巻）

原文

新《あらた》に成《な》るとは、敵我《てきわれ》たゝかふ時、もつるゝ心になつて、はかゆかざる時、わが気を振捨《ふりす》てて、物毎《ものごと》をあたらしくはじむる心に思ひて、其拍子《ひょうし》を受けて勝《かち》をわきまゆる所也。

今までの考えを捨て、あらたになる

あらたになる――これもまた、転心法の一つであるが、戦いがもつれる状況になったときは、今までの考えを捨てて、新たに始める気持ちになって別の戦法で一から始めよという教えである。

仕事でも、思うようにうまくいかないことはよくあることだ。そんなときには、「あらたになる」とよいのだろう。今までのやり方・考え方を捨てて、新しく一から始める。思い切って方針を転換するのである。これまでやってきたやり方・考え方をかえたり、途中から方針を転換したりすることには抵抗を感じるかもしれない。だが、思い切って一から始めたほうが、うまくいくケースが多いのではないだろうか。

物事がうまくいかなくなったときは「あらたになる」。覚えておきたい教えである。

十八、「鼠頭午首」繊細さと大胆さのバランスが大切

原文

鼠頭午首《そとうごしゅ》といふは、敵と戦《たたかい》のうちに、互《たがい》にこまかなる所を思ひ合はせて、もつるゝ心になる時、兵法の道をつねに鼠頭午首とおもひて、いかにもこまかなるうちに、俄《にわか》に大きなる心にして、大小にかわる事、兵法一つの心だて也。

ねずみ（鼠）の頭、午の首というのは、敵と戦ううちに、互いに細かいところばかりに気を取られてもつれ合うような状況になったとき、兵法の道をねずみの頭から、午の首に思い移すように、細かな心から、たちまち大きな心にかわって、局面の転換をはかることであり、兵法の一つの心掛けである。

『五輪書』（火の巻）

ねずみの持つ繊細さと、午の持つ大胆さを兼ね備える

鼠頭午首――ねずみの頭と午（馬・牛）の首、つまり、ねずみの持つ繊細さと、午の持つ大胆さを兼ね備えよという教えである。これに続けて武蔵は次のように説明している。

武士たるものは、平常の際にも、人の心は「ねずみの頭、午の首」のようにかわるものと思うことが肝心である。

武蔵は、胆大心小《たんだいしんしょう》（大胆で事に動ぜず、しかも細心であ

るべきこと）が、武士の心構えにおいて重要だと説いているのだ。

繊細さと大胆さのどちらかにかたよらない

人は、繊細さと大胆さのどちらかにかたよることが多いのではないだろうか。たとえば仕事において、繊細になり過ぎて、細かなことが気になり、先に進まなくなったり、行きづまったりする。逆に大胆になり過ぎて、細かなことが抜け落ちたりする。そうならないためには、繊細さと大胆さとのバランスを保つことが大切なのだろう。

細かな心から大きな心へとかわること

とくに武蔵が言うように、細かなところに気を取られている場合には、細かな心から大きな心へとかわることが求められるだろう。つまり、大局的な視点を持つ、大局的に物事を考える。そうすることによって、局面の転換をはかることができるのだろう。

「鼠頭午首」、これも心得ておきたい教えである。

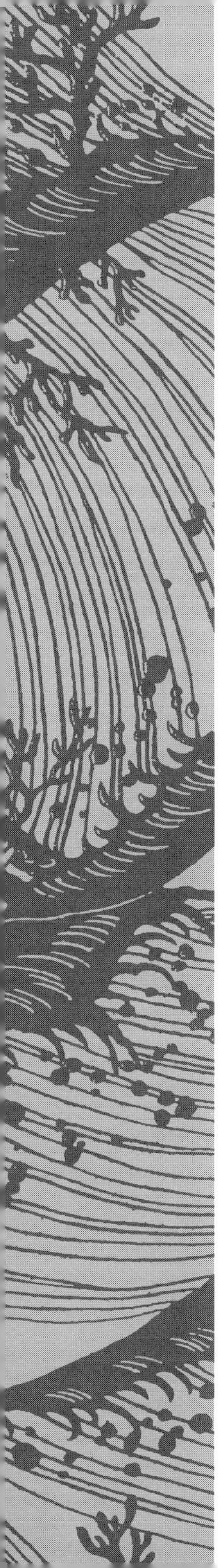

第3章 仕事と人生の羅針盤 ～五輪書～

一、見せかけだけの「生兵法は大けがのもと」

世間には、諸芸を売り物に仕立てて、自分自身を売り物であるかのように考え、また、いろいろな道具にしても、売り物に仕立てあげるという傾向がある。それは、花と実の二つのうちで、花（見かけ）だけで実（内容）がないのである。とくに、この兵法の道において、表面を飾りたて、花を咲かせるだけで、いかにも優れた術であるかのようにひけらかし、あるいは何々道場などと称して、教えたり習ったりして、利を得ようとしている。これは、俗に言う「生兵法《なまびょうほう》は大けがのもと」ということで、本当のことなのである。

『五輪書』（地の巻）

原文

世の中をみるに、諸芸をうり物にしたて、我身《わがみ》をうり物のやうに思ひ、諸道具につけても、うり物にこしらゆる心、花実《かじつ》の二つにして、花よりもみのすくなき所なり。とりわき此兵法の道に、色をかざり、花をさかせて、術とてらひ、或《あるい》は一道場、或は二道場などいひて、此道をおしへ、此道を習ひて、利を得んとおもふ事、誰《たれ》かいふ、「なま兵法大疵《へいほうおおきず》のもと」、まことなるべし。

「花実の
二つにして、
花よりも
みのすくなき
所なり」

花＝見かけだけで、実＝内容がないのである

生半可に行うと失敗する

世の中の風潮に対する武蔵の批判である。

「花実の二つにして、花よりもみのすくなき所なり」。つまり、見かけだけを華やかに飾りたて、実である内容は空っぽである状態を言っているのである。とくに兵法において、表面を飾りたて、術を見せびらかし、利を得ようというのは、「生兵法は大けがのもと」であると警告しているのだ。

生兵法は大けがのもと――身についていない、生半可な知識や技術に頼って事を行うと、却って大失敗をすることのたとえである。

見せかけではなく中身で勝負すべき

生かじりの知識や技術で物事を行えば、大失敗を招くことは、当然、現代にも通じることである。実力の伴わないパフォーマンス、見せかけだけのウケを狙ったプレゼンテーション……内容がないのに見かけだけを飾りたてても、中身がないことはすぐに見透かされる。そんなことを続けていれば、いずれは大きな失態を招くことになるだろう。

見せかけではなく、中身で勝負すべきである。

「生兵法は大けがのもと」。肝に銘じておきたい言葉である。

二、大工の棟梁にたとえる、適材適所の重要性

大将は、大工の統領である。天下のものさし（尺度）をわきまえ、国家のものさしを正し、わが家のものさしを知るのが統領の道である。

大工の統領は、堂塔伽藍《どうとうがらん》（堂と塔と伽藍。寺院のなかの建物の総称）のものさしを覚え、堂塔伽藍の図面を知り、人々を使って家を建てる。その意味では、大工の統領も、武家の統領も同じなのである。

『五輪書』（地の巻）

原文

大将《たいしょう》は大工《だいく》の統領《とうりょう》として、天下のかねをわきまへ、其国《そのくに》のかねを紏《ただ》し、其家のかねを知る事、統領の道也《みちなり》。大工の統領は堂塔伽藍《どうとうがらん》のすみがねを覚《おぼ》え、宮《くう》殿楼閣《でんろうかく》のさしづを知り、人々をつかひ、家〱を取《と》立《た》つる事、大工の統領も武家《ぶけ》の統領も同じ事也。

大将を棟梁にたとえる

武士の大将を大工の棟梁（統領、集団の中心的人物、指導的立場にある人物・統率者）にたとえて説明した部分である。そして、木材の適材適所、人材の適材適所について説き、人材については、次のように説明している。

棟梁が大工を使うにあたっては、腕前の上中下を知り、それぞれの技量に応じ、床の間、戸障子、敷居、鴨井、天

井などを担当させる。大工という人材の上中下を見極め、それぞれにふさわしい仕事をさせることによって、仕事の効率が上がり、手際よく作業が進むのだという。

部下の適性を見抜き、適所に配置する

これは、まさしく人材の活用法と言えよう。

人には、それぞれ向き不向き、得手不得手など適性がある。上に立つものは、それを見抜かなければならない。そして、その適性に合わせてもっとも適したところに人材を配置しなければならないのである。そうすることによって、個々の能力を発揮させることができ、仕事の効率も上がっていくのである。

部下の適性を見抜き、適所に配置する――リーダーに求められる大事なスキルと言えよう。

大工の統領も
武家の統領も同じなのである

三、自分の持つ道具は残さず使い切る

戦って一命を捨てるときには、持てる道具（武器）を残さず役立てたいものである。せっかくの道具を役に立てず、腰におさめたままで死ぬのは、決して望むところではない。

『五輪書』（地の巻）

原文

一命《いちめい》を捨つる時は、道具を残さず役にたてたきもの也。道具を役にたてず、こしに納《おさ》めて死する事、本意《ほい》に有るべからず。

戦いでは道具を残さず使い切る

命をかけた戦いでは、道具（武器）は残さず使い切りたい。道具を残したまま死ぬのは、武士の本望ではないと説いている。自分の持つ武器を残さず使い切る。まさに合理的な考え方である。続けて、こう述べている。

しかし、両手に物を持って、左右ともに自由に扱うことは難しい。片手でも太刀を使いこなせるようにならなければならない。

では、そのためにはどうすればよいのだろうか？　その答えを次のように述べている。

太刀を片手でふる修練をする。初めは、片手で太刀をふると重くてふりまわしにくい。しかし、片手でふることに慣れてくれば、ふりやすくなるのだという。

たしかに、そうである。利き腕ではない手で、太刀を自由に扱うのは難しい。初めはうまくふれないだろう。

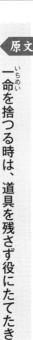

「太刀もふりつけぬれば、
道の力を得て
ふりよくなる也」
「一命を捨つる時は、
道具を残さず
役にたてたきもの也」

太刀をふることに慣れれば、
道の力を得てふりやすくなる

一命を捨てるときには、
持てる道具を残さず役立てたい

だが、修練を積んでいけば、片手で扱うことに慣れ、ふりやすくなるはずだ。これらの教えを現代にあてはめるとどうなるだろう。

道具をすべて使って仕事に取り組む

一つは、自分の持っているものを存分に発揮して事にあたることの大切さと言えるだろう。自分の持っている道具＝スキル・知識・能力・技術などをすべて使って仕事に取り組む。自分の持てる力をいかに結集できるかによって、仕事の成果も違ってくるだろう。

弱点の克服

もう一つは、自分の弱いところをふだんから強化していくこと、ととらえることができるだろう。だれしも弱点は持っているものだ。だが、その弱点も克服することができるはずだ。そのためには、どうすればよいのか？ それは武蔵の言うように日頃からの鍛練にほかならないのであろう。

四、道具を選り好みせず、必要以上を持たない

道具を始めとして区別して愛して（選り好みして）はならぬ。必要以上に持ち過ぎるというのは、不足するのと同じことで役に立たない。人の真似をせず、その身に応じ、武器は自分の使いやすいものでなければならぬ。

『五輪書』（地の巻）

原文

道具以下にも、かたわけてすく事あるべからず。あまりたる事はたらぬと同じ事也。人まねをせず共《とも》、我身に随ひ、武道具は手にあふやうにあるべし。

「武道具は手にあふやうにあるべし」
武器は手に合った使いやすいものでなければならない

武器は自分に合った使いやすいものがよい

脇差、太刀、長刀、槍……など、それぞれの武器の特徴を細かく述べたあとの言葉である。

武器は相手を倒すための道具であって、それ以外に目的はない。その目的を果たすための機能が備わっていれば十分なのである。選り好みするべきものではなく、人の真似をするべきものでもない。武器はあくまで自分に合った、使いやすいものであればよいのである。

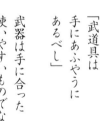

持ち過ぎるのは不足と同じこと

現代においても、同じことが言える。パソコンにしろ、車にしろ、道具は選り好みせず、必要以上に持つべきではないだろう。もちろん、他人の真似をするべきでもない。これは道具に限らず、何事にも言えることかもしれない。必要以上に持ち過ぎるべきではない。

「持ち過ぎるのは、不足と同じこと」。武蔵の言う通りである。

選り好みをして
不相応な太刀を持ってはならない

「あまりたる事は
たらぬと同じ事也」

五、「拍子」を見極めることによって勝利する

どんな物事についても、拍子（リズム・テンポ）があるものであるが、とりわけ兵法では拍子が大切であり、鍛錬なしには達し得ないものである。

『五輪書』（地の巻）

原文

物毎《ものごと》に付け、拍子《ひょうし》は有る物なれども、とりわき兵法の拍子、鍛練《たんれん》なくては及びがたき所也。

「拍子」の重要性

「拍子」について述べたものである。

拍子とは、今で言えば、リズム・テンポ、タイミング、チャンスなどを指すものと言えよう。

武蔵は、どんな物事においても拍子があるとし、その重要性について説明している。拍子の重要性は、『五輪書』を通して繰り返し述べられ、強調されていることである。

栄える拍子と衰える拍子

続いて武蔵は、目に見えないものにも拍子があると説いている。この点に注目したい。

武士の一生にも拍子があり、立身出世するとき、落ちぶれるとき、思いのままになるとき、つまずくとき、みな拍子があるのだという。あるいは商売の道でも同じで、

財産家になるとき、財産を失うときというように拍子があるとしている。

そして、それぞれ道によって内容は違うが、「さかゆる拍子（栄える拍子）」と「おとろふる拍子（衰える拍子）」があり、これをよく見分けなければならないのだという。

拍子——タイミングやチャンスをうまく見極める

「人生、山あり谷あり」というが、人生には波があるものだ。うまくいくときもあれば、うまくいかないときもある。タイミングやチャンス、それがまさしく拍子である。

人生には拍子があるが、その拍子をうまくとらえていくことが大事なのだろう。もし拍子をうまくとらえることができなければ、それは失敗につながるだろう。逆に、拍子——タイミングやチャンスをうまく見極めることができれば、仕事でも人生でも勝利することができるのではないだろうか。

人生の拍子、うまくとらえたいものである。

六、心の持ち方。平常心を保つこと

兵法の道においては、心の持ち方は平常の心とかわってはならない。平常も、戦いの際も、少しもかわることなく、心を広く、まっすぐにし、緊張し過ぎることなく、またたるむこともなく、心がかたよらないように真ん中において、心を静かにゆるがせて（流動自在な心の状態に保って）、そのゆるぎが一瞬も止まらぬように、よくよく気をつけなければならない。

『五輪書』（水の巻）

原文

兵法の道におゐて、心の持ちやうは、常の心に替《かわ》る事なかれ。常にも、兵法の時にも、少しもかはらずして、心を広く直《すぐ》にして、きつくひつぱらず、少しもたるまず、心のかたよらぬやうに、心をまん中におきて、心を静かにゆるがせて、其《その》ゆるぎのせつなも、ゆるぎやまぬやうに、能々吟味《よくよくぎんみ》すべし。

心は日常とかわってはならぬ

心の持ち方について説いたものである。戦っているときも、心は日常とかわってはならない。緊張することも、ゆるむこともなく、またかたよることもなく、静かにゆるがせた状態に保たなければならないとしている。

また、これに続けて、動作が静かなときにも心は静止せず、動作が激しいときにも心は平静を保つこと。心が

動作に引きずられることなく、動作が心に動かされることなく、心の持ち方にはよく気を配り、動作に気を取られぬようにせよと説いている。つまり、心と体とが、互いにとらわれないようにする。それが兵法における心の持ち方と言うのである。

心と体のバランスを取ることの大切さ

まず大事なのは、「平常心を保つ」ということであろう。平常心を失い、焦ったり、慌てたりすると、それが思いがけないミスや失敗を引き起こす。また、心がゆるんだり、かたよったりしていては、公正な判断、適切な行動ができなくなるだろう。どんなときも、平常心でいることを心掛けたいものだ。

次に、体が静かに止まっているときでも、心は止まった状態ではなく、周囲に気を配ったりしなければならない。逆に体が激しく動いているときでも、心は静かでなければならない。動揺したりせず、冷静な状態でなければならないのである。これは、心と体のバランスを取ることの大切さを説いたものと言えよう。

七、「観」と「見」本質を見抜く目を養うこと

戦いの際の目の配り方は、大きく広く配るのである。目には「観《かん》」の目と「見《けん》」の目があるが、観の目を強くし、見の目は弱くする。はなれたところの動きをはっきりと（具体的に）つかみ、また身近な動きにとらわれず、それをはなしてみることが兵法のうえでとても大切である。

『五輪書』（水の巻）

原文

目の付けやうは、大きに広く付くる目也。観見《かんけん》二つの事、観《かん》の目つよく、見《けん》の目よはく、遠き所を近く見、ちかき所を遠く見る事、兵法の専《せん》也。

「観」と「見」の違い

「観」と「見」、ともに見るということであるが、武蔵はその違いを説いている。

観は、物事の本質を深く見極める、直感や、心で見ることを指す。相手の気の動きを見るものである。

見は、表面の動きを見ること。目もとで見ることで、相手の動作を見るものである。

武蔵は、観の目を強くし、兵法では、観が極めて重要であるとしている。

本質を見抜く「観」の目を強くする

たとえば、人に会ったときに、相手の外見だけを見るのが「見」、相手の本質を見抜くのが「観」と言えよう。

日常、われわれは、表面的なものだけしか見ていないことが多いのではないだろうか。物事や人物などの表面だけではなく、その奥にある本質を見ることは大事なことである。何事もうわべだけを見ていると、物事の本質を見誤ることになるからだ。

この本質を見抜く目が観の目であり、これを強くすることは、現代のわれわれにも求められているだろう。観の目を養いたいものである。

「目付」の教えを日頃から実践

また、「遠き所を近く見、ちかき所を遠く見る事」という教えにも学びたいものである。

日々の生活では往々にして、目先のことに目を奪われがちになるものだ。近くにある細々としたものほど、気を取られてしまう。だが、近くのことは遠くからはなれて全体的に見なければ、その位置づけなどがわからないものである。

遠くはなれたことについては、漠然と見てしまうものだ。大雑把にとらえて具体的に知ろうとしないものである。遠いことをはっきりと具体的に見る目が大切であろう。

武蔵の「目付」の教え、日頃から実践していきたいものだ。

表面的なものを見るのが「見」
本質を見抜くのが「観」
「観」の目を
強くしなければならない

八、「打つ」と「あたる」計画的な成功は長続きする

原文

打《う》つといふ事、あたるといふ事、二つ也。打つといふ心は、いづれの打《うち》にても、思ひうけて慥《たしか》に打つ也。あたるはゆきあたるほどの心にて、何と強くあたり、忽《たちま》ち敵の死ぬるほどにても、是はあたる也。打つといふは、心得て打つ所也。

「打つ」ということと「あたる」ということは、別のことである。「打つ」というのは、どのような打ち方にせよ、意識的に確実に打つことを言う。「あたる」というのは、進んでいったところ、つきあたったというほどのものであり、たとえ非常に強くあたって、敵がたちまち死ぬほどであっても、これはあたりなのである。打つというのは、意識的に打つことである。

『五輪書』（水の巻）

「打つ」と「あたる」は別物

武蔵は「打つ」と「あたる」とは、別物であると説いている。

「打つ」は、日頃の鍛練の成果を発揮して、狙って意識的に打つ。つまり、計画に基づく成功である。

一方、「あたる」は、たまたまあたったにすぎない。あたらないよりは、ましかもしれないが、あくまでまぐれあたりである。つまり、偶然の成功である。結果的に相

手を倒したとしても、「打つ」と「あたる」とでは、大きく違うのである。

仕事で「あたる」を期待しない

偶然の成功は、その場しのぎでしかない。とりあえず、運よく成功したところで、次は成功するとは限らない。そもそも、まぐれあたりが何度も続くわけはない。いずれは失敗するだろう。計画に基づく成功でなければ、長続きはしないものである。

仕事も、「あたる」ことを期待するのではなく、「打つ」ようにしたいものである。そのためにも、日頃からの努力の積み重ねが大事であるのは言うまでもない。

「打つ」は意識的に打つ
「あたる」はたまたまあたったにすぎない

九、「愁猴の身」手を出さず、目的に接近する

原文

愁猴《しゅうこう》の身とは、手を出さぬ心なり。敵へ入身《いりみ》に少しも手を出す心なく、敵打つ前、身をはやく入《い》るる心也。手を出さんと思へば、必ず身の遠のくものなるによつて、惣身《そうみ》をはやくうつり入るる心なり。手にてうけ合はするほどの間には、身も入りやすきもの也。

愁猴《しゅうこう》の身とは、手を出さないという心構えである。敵に対して体をよせていくとき、少しも手を出す心を持たず、敵が打つより前に、体を速くよせていくことである。手を出そうと思えば、必ず体は遠のいてしまうものであるから、全身をすばやく敵によせてしまうのである。互いに手が届くほどの距離ならば、身をよせてしまうことも容易なものである。

『五輪書』（水の巻）

愁猴の身
※敵に手を出さず身をよせる

愁猴とは手の短い猿のこと。
手の短い猿は
手を出すことができない。
つまり、手を出さないことを説いたものだ

手を出そうとせず、相手に接近すること

愁猴とは、手の短い猿のことである。手を出すより、身を入れろという、入身の技を説いたものである。

手を出そう、手をのばそうとすると、敵との距離がはなれてしまう。そうなれば、相手を斬ることはできない。だから、手を出そうとせず、相手に身をよせて、接近するというものである。

すばやく身をよせたほうが仕事もうまくいく

このことは、仕事においても言えるのではないだろうか。策を弄し過ぎて、却って失敗。ためらい過ぎて機会を失う。形式や手段に気を取られて、目的からはなれてしまう……などである。

あれこれ考え過ぎたり、策を出し過ぎたりするより、すばやく身をよせる。つまり、ズバリと目的に迫るほうが、事がスムーズに運ぶ場合もあるだろう。この入身の法、さまざまな場面で応用できるものである。

十、「漆膠の身」粘り強く、納得のいくまで行う

漆膠《しっこう》の身とは、「漆《うるし》」「にかわ」でつけたように、敵の体にぴったりとくっつき、はなれないことである。敵の体に近づくとき、頭も、体も、足も、すべてぴったりとくっつけるのである。たいていの人は、顔や足は速くくっつけても、とかく体だけはあとに残るものである。敵の体にわが体をよくつけ、少しも身にすき間のないよう、つけるものである。

『五輪書』(水の巻)

原文

漆膠《しっこう》とは、入身《いりみ》に能《よ》く付きてはなれぬ心也。敵の身に入《い》る時、かしらをもつけ、身をもつけ、足をもつけ、つよくつく所也。人毎《ひとごと》に顔足ははやくいれども、身ののくもの也。敵の身へ我身《わがみ》をよくつけ、少しも身のあいのなきやうにつくもの也。

漆膠の身

※敵に体をくっつける

漆膠とは、漆とにかわのこと。つまり接着剤だ。接着剤をつけたように、敵に体を密着させること

すき間がないように相手に密着する

愁猴の身は、手を出さずに、敵に身をよせるという入身の技であったが、漆膠の身はさらに敵に体を密着させる技について説いたものである。

漆膠とは、漆とにかわのこと。つまり、接着剤である。接着剤でくっつけたように、頭も、体も、足も、全身すき間なくぴったりと敵にくっつくのである。そのように密着されたら、相手は身動きが取れなくなる。そして攻撃することができなくなり、やがてあきらめるだろう。

はなれることなく、物事の本質に肉薄する

これもまた、仕事で求められる姿勢と言えよう。何事も始めたら、目的を完遂するまで退かない。接着剤でくっつけたように粘り強く、納得のいくまで行うという姿勢である。

そうした姿勢で仕事に取り組めば、必ず目的を達成することができるだろう。

十一、「ねばる」は強いが、「もつれる」は弱い

敵も打ち込み、自分も打ち込むときに、自分の太刀を敵が受けた場合、自分の太刀を敵の太刀にくっつけてはなさないような心持ちで、体を入れていくことを言う。ねばるとは、太刀が容易にはなれないようにする心持ちであり、あまり強過ぎない気持ちで入り込むのである。敵の太刀につけて、ねばりをかけて入り込むときには、どれだけ静かに体を入れてもよい。ねばるということと、もつれるということは違うことであり、ねばるのは強いが、もつれるのは弱い。

『五輪書』（水の巻）

原文

敵もうちかけ、我も太刀《たち》打ちかくるに、敵うくる時、我《わが》太刀敵の太刀に付けて、ねばる心にして入《い》る也。ねばるは、太刀はなれがたき心、あまりつよくなき心に入るべし。敵の太刀につけて、ねばりをかけ入る時は、いか程《ほど》も静かに入りてもくるしからず。ねばるといふ事と、もつるゝといふ事、ねばるはつよし、もつるゝはよはし。

「ねばる」と「もつれる」は違う

「ねばる」について説き、「もつれる」とは違うことを説明したものである。

ねばる（粘る）とは、自分の太刀を敵の太刀にくっつけ、何があってもはなさない心構えで、敵を攻める方法である。そして、ねばるのは強いが、もつれる（縺れる・から

み合う）のは弱いとしている。

「ねばる」と「もつれる」を混同してはならない

仕事においても、「ねばる」ことは大切である。粘り強く物事に取り組む根気が求められる。

ただし、「ねばる」と「もつれる」を混同していることはないだろうか。熱心に、粘り強く行っているが、成果が上がらない。それは、本人はねばっているつもりでも、実はもつれているだけなのかもしれない。そうであれば、空回りしているだけで、時間や労力を無駄に使っているだけである。

がんばってはいるが、成果が上がらない、よい方向に進まないときは、あらためて考えてみるとよいのだろう。自分は「ねばっている」のか、それとも「もつれている」のかを。

ねばるとは、
自分の太刀を
敵の太刀にぴったりとくっつけ、
はなさない心構えである

十二、「たけくらべ」萎縮せず、心も体ものばす

たけくらべというのは、どんな場合でも敵に体をよせるとき、わが体が縮まないようにして、足も、腰も、首ものばし、敵の顔と自分の顔をならべ、背丈を比べれば、自分のほうが勝つと思うほどに、体を十分のばし、強くよりつくことが肝心である。

『五輪書』（水の巻）

原文

たけくらべといふは、いづれにても敵へ入《いり》込《こ》む時、我身のちゞまざるやうにして、足をものべ、こしをものべ、くびをものべて、つよく入り、敵のかほとかほとならべ、身のたけをくらぶるに、くらべかつと思ふほど、たけ高くなつて、強く入る所、肝心《かんじん》也。

心も体も十分にのばし、力を存分に発揮

たけくらべ、入身の際の心構えを説いたものである。体を大きくのばし、相手を威圧し、優位に立つ方法である。

物事に取り組む際には、萎縮してはならない。何事も、小さく縮こまっていては、うまくいかないものだ。

心も体も十分にのばし、持っている力を存分に発揮する、そういった姿勢が大切である。

相手の地位や肩書に萎縮してはならない

また、対人関係においてもそうである。相手の地位や肩書に萎縮してはならない。どのような相手であっても、対等に渡り合う、いや威圧して優位に立つ、というぐらいの気概を持たなければならないだろう。

十三、千里の道も一歩ずつ。今日は昨日の自分に勝つ

千里の道も一歩ずつ歩んでいくのである。ゆっくりと気長に取り組み、この兵法の道を極めていくことは、武士のつとめであると心得、今日は昨日の自分に勝ち、明日は自分より下手なものに勝ち、次には、自分より上手なものに勝つと思い、この書物の通りに鍛練を積み、少しもわき道に心を動かされないようにせよ。

『五輪書』（水の巻）

原文

千里の道もひと足宛《ずつ》はこぶなり。緩々《ゆるゆる》と思ひ、此法をおこなふ事、武士のやくなりと心得て、けふはきのふの我にかち、あすは下手《へた》にかち、後は上手《じょうず》に勝つとおもひ、此書物《このかきもの》のごとくにして、少しもわきの道へ心のゆかざるやうに思ふべし。

たゆまぬ修練の積み重ね

水の巻の結びの一部分である。一歩一歩、たゆまぬ修練の積み重ねについて説いており、どのような道にも活かせる教訓となっている。そして、水の巻は次の言葉でしめくくられている。

「千日の稽古を鍛とし、万日の稽古を練とす。能々吟味あるべきもの也」

鍛練の心構え

武蔵は、鍛練の心構えを懇切に説いているが、現代社会のわれわれにとっても、とても大事な内容になっている。とくに仕事をするうえで活かしたいものだ。

仕事の道も長い道のりである。一歩一歩、歩んでいかなければならない。焦ることなく、地道に努力を積み重ねていけば、道を極めていくことができるだろう。

また、その歩みも「今日は昨日の自分に勝つ」という気持ちを持って前進していかなければならない。そして、千日、万日と、ひたすら鍛練を積み重ねることを肝に銘じておくのだ。

どんな仕事にも通じる教えと言えよう。

「千里の道も
ひと足宛はこぶなり」
ゆっくりと一歩ずつ
着実に歩んでいくのである

十四、危機を乗り越えることで成功の道が開ける

原文

渡《と》を越《こ》すといふは、縦《たと》へば、海を渡るに瀬戸《せと》といふ所もあり、亦《また》は、四十里《しじゅうり》五十里とも長き海を越す所を渡《と》といふ也。人間の世を渡るにも、一代の内には、とをこすといふ所多かるべし。

「渡《と》」を越すというのは、たとえば海を渡るのに、※瀬戸というところもあり、また四十里、五十里の長い海上を渡ることもあるように、難所を乗り切るという意味である。人が世の中を渡るにも、一生のうちには、難所（危機）を越える場合も数多くあるだろう。

『五輪書』（火の巻）

※幅の狭い海峡。航行の難所。

一生のうちには、何度も危機が訪れる

「渡」を越す――危機・難局を乗り切ることの重要性を、船で海を渡るたとえで説いたものである。

人が一生を送るうちには、何度となく、危機、難局が訪れるものである。そして、それを自らが乗り越えていかなければならないのである。そのためには、何と言っても本人の努力が欠かせないだろう。

苦労してでも、大きな危機を乗り切ることができれば、それだけ大きな自信につながるものだ。そして、危機を

チャンスへと転換させることができるだろう。

逆風にさらされても、独力で乗り切っていかなければならない

これに続けて、船で「渡」を越すことについて、次のように述べている。

船路にあっては、渡を知り、船を知り、日のよしあしを知り、友船はいなくても一人で出港し、その時々の状況に応じて、横風に頼り、追い風を受け、もし風向きがかわっても、二里や三里は風に頼らずに、自力で櫓《ろ》をこいで港に着くつもりで、船を乗りこなし、「渡」を越すのである。

仕事・人生においても、風向きがかわって危機が訪れることもあるだろう。それも、いつ風向きがかわるかはわからない。突然、逆風が吹くかもしれない。たとえ逆風にさらされ、逆境に陥っても、周囲に頼ったりしてはならない。どんな状況におかれても、だれにも頼ることなく、独力で逆境を乗り切っていかなければならないのだ。そのためには、どんな困難も一人で乗り切るのだ、という強靭《きょうじん》な意志が求められるだろう。

十五、まよひの雲の晴れたる所こそ、実の空

原文

二刀一流《にとういちりゅう》の兵法《へいほう》の道《みち》、空《くう》の巻《まき》として書顕《かきあら》はす事、空《くう》といふ心は、物毎《ものごと》のなき所、しれざる事を空と見たつる也。勿論《もちろん》空はなきなり。ある所をしりてなき所をしる、是則《これすなわ》ち空也。

二刀一流《にとういちりゅう》の兵法の道を、ここに空の巻として書きあらわした。空とは決まった形がないということ、形を知ることができないものを空と見るのである。もちろん空とは何もないことである。ものがあるところを知って、初めて、ないところを知ることができる。これがすなわち空である。

『五輪書』(空の巻)

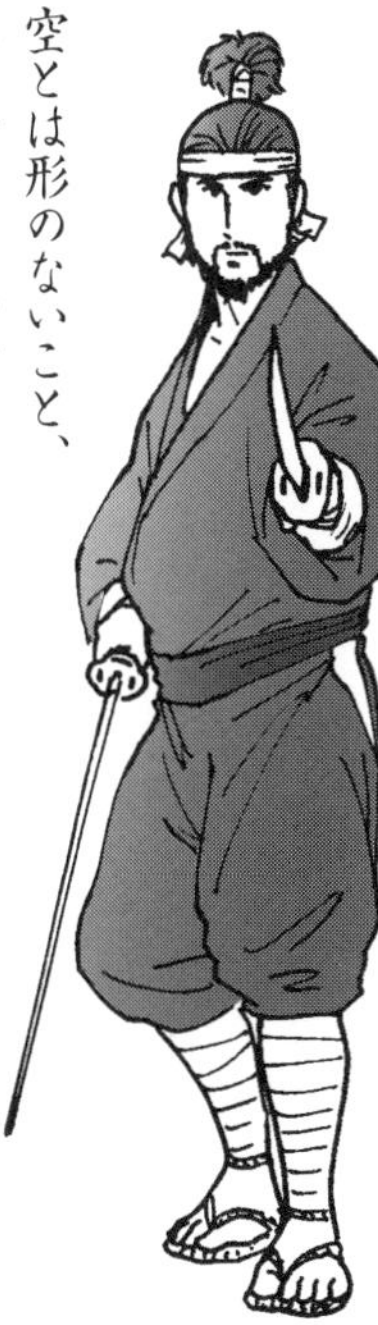

空とは形のないこと、
形を知ることができないもの
空とは何もないことだが、
ものがあることを知って、
初めてないことを知ることができる

朝鍛夕練してきた者がたどり着く境地

五輪書、最終章である空の巻の冒頭である。

空——兵法の道を朝鍛夕練（24ページ参照）してきた者がたどり着く境地なのだろう。空とは、形がない、形を知ることができないこと。空は何もない、「無」であるが、あることを知ってこそ初めて、空を知ることができるとしている。

空の巻で武蔵はこう説く。

「まよひの雲の晴れたる所こそ、実の空としるべき也」

つまり、一切の迷いがなくなった空こそ、正しい空という意味である。

そして、次のように述べる。

「空を道とし、道を空と見る所也」

空を道、道を空。すなわち、その正しい空こそが兵法の究極であり、兵法の道を朝鍛夕練することによって空の境地に達することができる、としているのだ。われわれも、一生をかけて「空」の境地に到達できるよう、日々励まなければならないのだろう。

第4章

人間関係の要諦 ～葉隠～

一、相手の性格を知り、それに応じた対応をする

人と会うときには、その相手の気質を早く呑み込み、それぞれに応じた対応をするべきである。理屈っぽく気の強い人には、できるだけこちらが折れて対応し、角《かど》が立たないようにして、その間に、相手より上手《うわて》の道理をもって説き伏せ、その後は少しもわだかまりを残さないようにするものである。

『葉隠』（聞書第二）

原文

人に出會《であ》ひ候《そうろう》時は、その人の氣質《きしつ》を早く呑《の》み込み、それぞれに應《おう》じて會釋《えしゃく》あるべき事なり。その内、理堅く強勢の人には隨分折れて取り合ひ、角《かど》立たぬ様にして、間に相手になる上手《うわて》の理を以て言ひ伏せ、その後は少しも遺恨を残《のこ》さぬやうにあるべし。

「人に出会ひ候時は、その人の気質を早く呑み込み」
人に会うときには、その相手の性格を早くつかむことだ

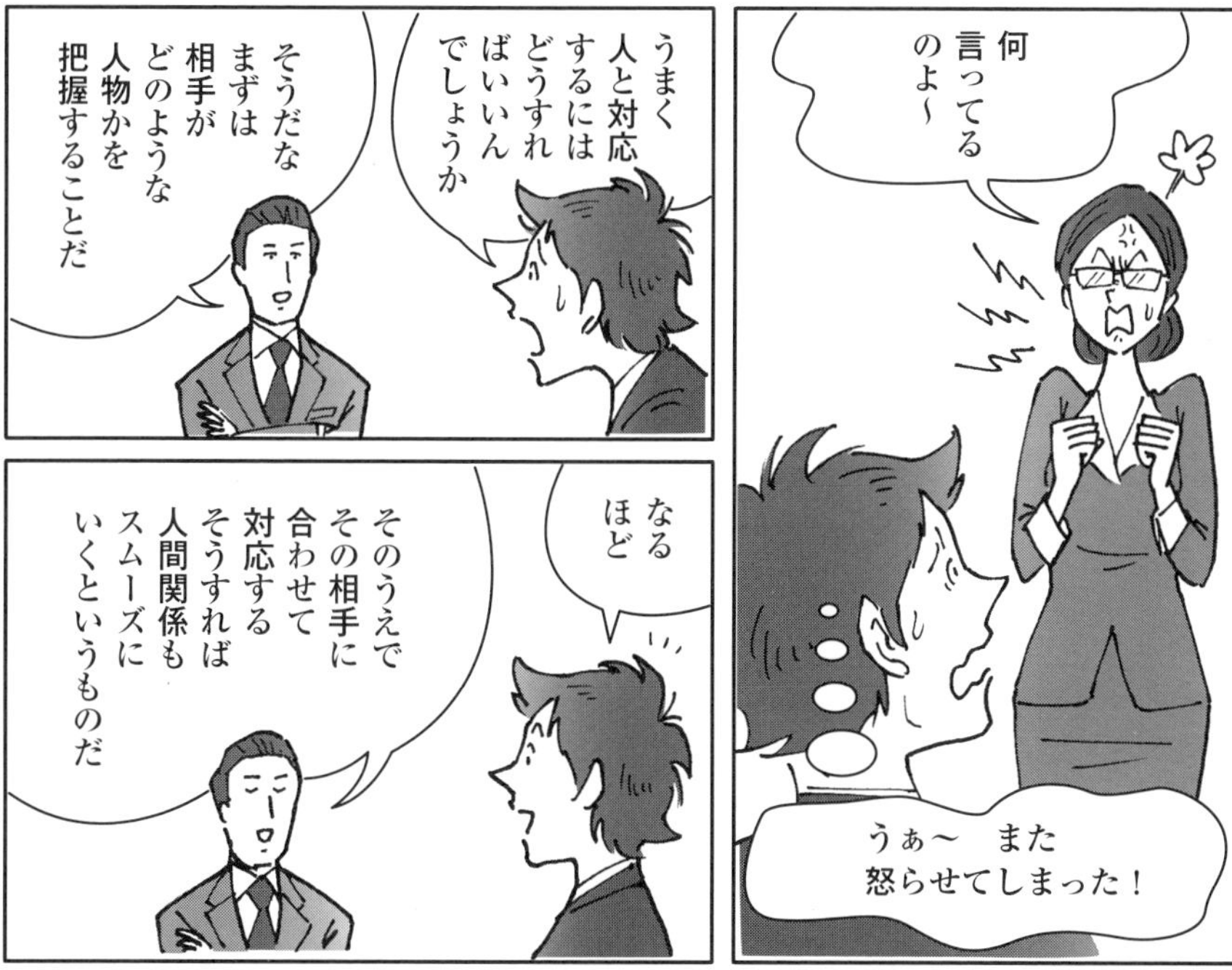

まずは相手の性格を知ること

人とうまく対応するためには、まず相手がどのような人間なのか、その性格などを見分けること。そして、その相手に応じた対応をする。最終的には相手を説き伏せ、あとにはうらみを残してはならないと説いている。

世の中にはさまざまな人間がいる。性格も人それぞれだ。自分がよいと思ってした発言や行動も、相手がそう思うとは限らない。だから、まずは相手がどのような人間なのかを知ることが大切なのである。

相手の性格を把握することができれば、それに応じた対応をすればよい。常朝の言うように、「気の強い人に対しては、こちらから折れる」などのようにである。気の強い相手に、こちらも強気で出れば衝突が起きるのは当然のことだ。逆におとなしい性格だとわかれば、相手の発言を引き出すように、こちらから働きかけてみるとよいだろう。

相手の性格を知る。それに応じた対応をする。円滑な人間関係を形成するための術と言えよう。

二、人の心を知るためには病気になる

「人の心を知ろうと思ったら病気になれ」という言葉がある。日頃は親しく接していながら相手が病気になったり、災難にあったりしたときに、いいかげんにするような者は腰抜けである。人が不幸せであるときこそ、ことさら近づき、見舞い・贈り物などをしてやるべきである。恩を受けた人に対しては一生疎遠にしてはならない。このようなことで、人の気持ちや人となりはわかるものである。

『葉隠』（聞書第一）

原文

「人の心を見んと思はば煩《わずら》へ。」と云ふことあり。日頃は心安く寄り合ひ、病氣又は難儀の時大方にする者は腰ぬけなり。すべての人の不仕合せ時別けて立ち入り、見舞・附届《つけとどけ》仕《つかまつ》るべきなり。恩を受け候人には、一生の内疎遠にあるまじきなり。斯様《かよう》の事にて、人の心入れは見ゆるものなり。

「人の心を見んと思はば煩へ」
病気になると人の心がわかるというものである

自分が不幸になると、相手の本質がわかる

自分が病気になったり、災難にあったり、不幸な目にあったときに、相手がどのように接するか、その態度でその人の本質がわかるというものである。

不幸なことに遭遇したときに、見て見ぬふりをするような人は、表面的なつき合いでしかなかったのであろう。逆に手を差しのべてくれるような人は、真の思いやりがある人なのであろう。

人の本質を見抜くものとして参考になるものだ。

人から受けた恩は覚えておきたい

また、これに続けて、

「自分が困ったときには人を頼りにするものだが、すんでしまえば思い出しもしない人が多いものだ」

と説いている。これもうなずけるところがあるものだ。

人間、過ぎてしまったことは忘れがちになるものだが、人から受けた恩はしっかり覚えておきたいものである。

三、究極の意見術。水を呑むように受け入れさせる

人に意見をしてその欠点をあらためさせるということは大切なことで、大慈悲（仏の広大無辺《こうだいむへん》の慈悲）であり、ご奉公の第一である。ただし、その意見のしかたには、大いに苦労するものである。他人の善悪を見つけることは容易なことである。それを意見するのもたやすいことだ。たいていの人は、人の嫌がる言いにくいことを言うのが親切のように思い、それを相手が受け入れなければ、わが力が及ばないと言うのである。これでは何の役にも立たない。人に恥をかかせて、悪口を言っているのと同じことである。自分の気晴らしに言うに過ぎない。

意見というものは、まずその人が受け入れるのか、受け入れないのかをよく見極め、ふだんから親密になっておき、こちらの言葉を信頼するような状

原文

人に意見をして疵《きず》を直すと云ふは大切の事、大慈悲、御奉公の第一にて候。意見の仕様、大いに骨を折ることなり。人の上の善惡を見出すは安き事なり。それを意見するも安き事なり。大かたは、人のすかぬ云ひにくき事を云ふが親切の様に思ひ、それを請けねば力に及ばざる事と云ふなり。何の益《えき》にも立たず。人に恥をかゝせ、惡口すると同じ事なり。我が胸はらしに云ふまでなり。

意見と云ふは、先《ま》づその人の請くるか請けぬかの氣をよく見わけ、入魂になり、此方の言葉を兼々《かねがね》信仰ある様に仕なし候てより、好きの道などより引き入れ、云ひ樣種々に工夫し、時節を考へ、或は文通、或は暇乞《いとまごい》などの折か、我が身の上の惡事を申し出し、云はずしても思ひ當《あた》る様にか、先づよき處を褒め立て、氣を引き立つ工夫を砕《くだ》き、渇く時水呑む様に請け合せ、疵直るが意見なり。殊の外《ほか》仕にくきものなり。

態にしておく。そして趣味のことなどから相手の気持ちを引き入れ、言い方をさまざま工夫し、時機を考え、手紙のやり取りの際、あるいは別れのあいさつなどの折、自分自身の弱点や失敗談などを話し、直接意見を言わなくても相手が思いあたるようにする。それにはまず相手のよいところをほめ上げて、相手の気分を盛り上げる工夫をするなどして、ちょうどのどが渇いたときに水を呑むように受け入れさせ、欠点が直るようにするのが意見である。ことのほか難しいものである。

長年の癖であるから、普通のことでは直らない。自分自身にも身に覚えがあることである。同僚や部下の者たちとふだんから親密にしておき、かれらの癖を直して、志を同じくして力を合わせて、主君のお役に立つことになれば、立派なご奉公であり大慈悲である。そうであるのに、相手に恥をかかせるようで、どうして欠点を直すことができようか。

『葉隠』(聞書第一)

年來《ねんらい》の曲《くせ》なれば、大體《だいたい》にて直らず。我が身にも覺えあり。諸朋輩兼々入魂をし、曲を直し、一味同心に主君の御用に立つ所なれば御奉公大慈悲なり。然《しか》るに、恥をあたへては何しに直り申すべきや。

人に意見するのは難しい

人に意見する際の心得が、極めて詳細、かつ具体的に説かれている。

人は他人から意見されるのを好まないものである。だから、意見のしかたによっては相手が反感を抱くこともあるだろう。相手のためにと思って言ったことが、トラブルの原因となることもあるのだ。それだけ人に意見するのは難しいことなのである。

「意見の仕様、
大いに骨を折ることなり」

理想的な意見のしかた

最上の意見のしかたというのは、ちょうどのどが渇いたときに水を呑むように、相手が自然と受け入れられるようにするのだという。そのためには、

- ●ふだんからその相手と親しくしておく。
- ●趣味の話題などから相手を引き入れる。
- ●言い方をさまざまに工夫する。
- ●タイミングを考える。
- ●自分の失敗談などを話す。
- ●直接言わなくても相手が気づくようにする。
- ●相手をほめて、気分を盛り上げる。

というようにするのである。

人情の機微を見抜いた極めて理想的な意見のしかたであり、究極の意見術とも言えよう。

現代においても、人に意見しなければならないことはさまざまな場面であるものだ。ぜひ実践してみたい意見術である。

四、人の意見はありがたく受け入れる

人が意見を言ってくれたときは、役に立たないことでも、ありがたいとして受け入れることである。そのようにしないと、次に見たり聞きつけたりした欠点を言ってくれなくなってしまうものだ。なんとか安心して意見を言ってもらえるようにしておいて、人には意見を言ってもらうようにするのがよい。

『葉隠』（聞書第一）

原文

人の意見を申し候時は、益に立たぬ事にても、忝《かたじけな》しと深く請け合ひ申すべきなり。左様に仕らず候へば、重ねて見つけ聞きつけたる事をも言はぬものなり。何卒心安く意見を言ひよき様に仕なして、人に言はするがよきなり。

人の意見を聞く際の心得

前項は、人に意見を言う際の心得について説いたものであったが、これは人の意見を聞くことについての教訓である。

人の言ってくれた意見は聞くべきだ、というのは当たり前と言えば当たり前だが、それがなかなかできないのが人間というものではないだろうか。

なぜなら、人はほめられることは喜ぶが、批判される

ことは嫌うからだ。だからこそ、あえて人の意見・批判は受け入れなければならない。そう意識しなければならないのである。

意見を聞く姿勢・習慣を身につける

仕事においても、他人の意見は受け入れなければならない。そうしなければ、独りよがりに陥り、自分勝手に突き進んでしまうだろう。間違ったことをしていても、自分一人ではそれに気がつかない。他人から意見してもらって、初めて過ちに気づくことも多いものだ。

日頃から人の意見を聞く姿勢、習慣を身につけておくべきであろう。

人の意見というものは、
たとえ役に立たないことであっても、
ありがたく受け入れるものだ

五、他人の教訓には耳を傾ける

世の中に教訓をする人は多い。だが、教訓を喜んで聞く人は少ない。ましてや教訓にしたがう人はまれである。年も三十を越えると、教訓を言ってくれる者さえない。そうなると、教訓の道もふさがってわがままになるから、一生非を重ね、愚かさが増し、ついにはダメになってしまう。ぜひとも道をわきまえている人に近づいて、その教訓を受けるべきである。

『葉隠』（聞書第一）

原文

世に教訓をする人は多し、教訓を悦《よろこ》ぶ人はすくなし。まして教訓に従《したが》ふ人は稀なり。年三十も越したる者は、教訓する人もなし。教訓の道ふさがりて、我儘なる故、一生非を重ね、愚を増《ま》して、すたるなり。道を知れる人には、何卒馴れ近づきて教訓を受くべき事なり。

意見、教訓はありがたいと聞き入れる

前項で触れた通り、人の意見、教訓を聞き入れることは難しいものである。とくに年を取れば取るほど。

だが、常朝の言うように、年を取ると意見を言ってくれる人も少なくなる。だから、年を取っても、意見、教訓してくれる人がいれば、ありがたいことだと思うべきである。それが耳に痛いものであっても。

六、口はわざわいのもと。その一言がものを言う

さしさわりのありそうなことは、言わないことである。気をつけなければならない。

世間で何かとわずらわしい事件などがあるときは、だれもがそわそわして、ついうかうかとそのことのうわさをするものである。これはいらないことだ。下手をすれば、軽薄な饒舌《じょうぜつ》者ということになる。そうでなくても、口のためにつまらないことで敵をつくり、遺恨を生ずることになる。そのようなときは外出をやめ、歌などをつくっているのがよいのである。

『葉隠』(聞書第二)

原文

當時《とうじ》の差合ひになりさうなる事は言はぬものなり。氣を付け申すべきなり。世上に何彼と、六ケ《むかつか》敷事《しきこと》などこれある時は、皆人浮き立つて覺え知らずに、その事のみ沙汰する事あり。無用の事なり。わろくすれば、口引張《くちひっぱ》りになるか、さなくても、口故に入らざる事に敵を持ち、意恨出來るなり。左様の時は他出を止め、歌など案じて居たがよく候由。

口はわざわいのもと

発言には、気をつけなければならないということを説いたものである。うわさ話に乗じて、ついつい余計なことを口にしてしまう。それが広がり、思わぬ事態に陥ってしまうことがある。

「口はわざわいのもと」、くれぐれも注意が必要だ。

一言の重みを自覚する

『葉隠』には、発言について説いたものが幾度も登場するが、次のような言葉もある。

「大きな災難や大事件のときも一言がものを言う。幸せなよいときも一言がものを言う。日常のあいさつでも一言がものを言う。その一言をよくよく考えて言わなければならない」

どのような局面であっても、とにかく一言が大切だというものである。一言で相手を喜ばせることも、相手を傷つけることもできる。それだけ言葉には力があるのだ。だからこそ、一言の重みを自覚し、くれぐれも慎重に発言しなければならない。胸に刻んでおきたい教えだ。

口はわざわいのもと
余計なことは
言わないことである

七、話し合いの際には根回しが必要

話し合い・相談事などの際には、まず一人と前もってひそかに相談しておき、その後に関係者を集めて、一つに決めるべきである。そうでなければ、あとから不満が出てくるものである。また、大事な相談事は、無関係な人・俗世間をはなれた人などに、ひそかに批判させるとよい。そういう人たちはひいきがないから、道理・筋道がよくわかるものである。一部の人だけに相談すると、自分に都合のよい意見を言うものだ。これでは役に立たないというものである。

『葉隠』（聞書第二）

原文

談合事《だんごうごと》などは、まづ一人と示し合ひ、その後聞くべき人々を集め一決すべし。さなければ、恨み出来るなり。又大事の相談はかもはぬ人・世外の人などに、潜《ひそ》かに批判させたるがよし。贔負《ひいき》なき故、よく理が見ゆるなり。一くるわの人に談合候へば、我が心の利方に申すものに候。これにては益に立ち申さず候由。

「まづ一人と示し合ひ、
その後聞くべき人々を集め
一決すべし」

しかるべき人と事前に相談する
つまりは根回ししてから事に臨むべし

事前に根回しを

話し合いが行われる場合には、事前にしかるべき人物と相談しておく。つまり、根回しだ。根回しをすることによって、話し合いをスムーズに進行させ、あとで不満が残るような事態を避けると言うのである。

意見はその人の立場に左右される 広く外部から意見を求める

また、人の意見というのは、その人の立場によって左右されるものである。だから人に意見を聞く場合には、その件とはまったく関係ない人から意見を求めるべきだと説いている。利害関係がないから客観的な判断が下せるということである。逆に、一部の利害関係者と相談しても、自分に都合のよい意見しか出てこないものだ。

うちわだけの意見は、とかくかたよるものである。社内の人間だけと話し合っていてもアイデアは広がらない。広く外部から意見を求めたほうが、さまざまな考えを知ることができるし、思わぬ発見もあるだろう。

八、くどくどと話すその裏には

たいしたことではないのに、念を入れてくわしく話す人には、きっとその裏に何か言い分（不満）があるものだ。それを紛らわし隠そうとするために、何となくくどくどと繰り返し話すのである。それを聞いていれば、疑わしいと気づくものである。

『葉隠』（聞書第二）

原文

さもなきことを、念を入れて委《くわ》しく語る人には、多分その裏に、申し分があるものなり。それを紛らし隠さん爲に、何となく繰り立てて語る事なり。それは、聞くと胸に不審が立つものなり。

「多分その裏に、申し分があるものなり」

きっとその裏には何か思惑があるのだ

くどくどと話す裏には思惑がある

どういうことのないことについて、くどくどと繰り返し話をするのは、裏に何か思惑があるからだ。思惑があるからこそ、それを隠そうとして、くどくどと話すのだという。たしかにそういったことがあるのだろう。

巧言令色、鮮なし仁

『論語』に、「巧言令色、鮮《すく》なし仁」という有名な言葉があるが、これに通じるものがあるだろう。

調子よく巧みな言葉を使って、顔色をやわらげて相手に媚《こび》を売る者は「仁」が少ない。つまり、そういった輩《やから》には、相手のことを思いやる気持ちなどないということである。

人間、表面と内心とでは異なることがある。とくに調子よくベラベラと話す相手には、警戒したほうがよいのだろう。表面的にはつくろっていても、内心では何を考えているかわからないからだ。

九、口論の心得。まずは相手に意見を言わせる

口論のときの心得である。大いにもっともだと折れて見せ、相手に言わせるだけ言わせて、相手が調子に乗って言い過ぎたとき、弱みを見つけて反撃し、思う存分言うことである。

『葉隠』（聞書第十一）

原文

口論の時心持の事　随分尤《もっと》もと折れて見せ、向ふに詞を盡《ことごと》くさせ、勝に乗つて過言をする時、弱みを見て取つて返し、思ふ程云ふべし。

まずは相手に言わせるだけ言わせる

議論の際のテクニックと言うべきものである。まずは議論の相手に意見を言わせるだけ言わせる。相手は調子に乗ってついつい言い過ぎてしまう。そのうち、うかつな発言や余計なことを口にしてしまうだろう。そこをとらえて反論するのである。うかつなことを言ってしまった相手は、それを否定することに躍起になる。そうなれば、こちらに有利に話を進めることができるだろう。議論の際に参考になる戦術と言えよう。

議論の際にはまず折れて見せて
相手に言わせることだ
そうすれば相手は言い過ぎるはず
そこを狙うのである

十、よいこともほどほどに

よいことでも度が過ぎるのはよくない。講義、説教、教訓なども言い過ぎると害になるものである。

『葉隠』（聞書第二）

原文

よき事も過ぐるは悪し。談義・説法・教訓なども、言ひ過ぐせば、害になり候となり。

よいことも度が過ぎたらマイナスに

いくらよいことでも度が過ぎたら、却ってマイナスに働くということである。ためになる意見・忠告であっても、言い過ぎると、相手は聞かなくなるものだ。相手にとって耳の痛い話というのは、たまにするから心に響くというものである。

「何事もほどほどにしておくべき」ということであろう。

意見・忠告を繰り返さずに機会を待つことだ

十一、最高の手本。人のよいところに気づいて学ぶ

※一鼎《いってい》の話である。よい手本を似せて精を出して習えば、悪筆の者も一応は書けるようになるものである。奉公人もよい奉公人を手本とすれば、まずまずのものにはなるだろう。近頃は、奉公人のよい手本がいない。だから、手本をつくって見習えばよいのだ。手本のつくり方は、礼儀作法一通りは何某《なにがし》、勇気は何某、言葉づかいは何某、品行が正しい点では何某、律儀な点では何某、いち早く覚悟を決める点では何某というように、多くの人のなかでよいところを持っている人の、その

原文

一鼎《いってい》の咄《はなし》に、よき手本を似せて精を出し習へば、惡筆も大體《たいてい》の手跡になるなり。奉公人もよき奉公人を手本にしたらば、大體にはなるべし。今時よき奉公人の手本がなきなり。それゆゑ、手本作りて習ひたるがよし。作り樣は、時宜作法一通りは何某、勇氣は何某、物言ひは何某、身持正しき事は何某、律儀なる事は何某、つゝ切れて胸早くすわる事は何某と、諸人の中にて、第一よき所、一事宛持ちたる人の、そのよき事ばかりを選び立つれば、手本が出來るなり。萬《やおよろ》づの藝能も師匠のよき所は及ばず、惡しき曲を弟子は請け取りて似するものばかりにて、何の益にも立たざるなり。時宜よき者に不律儀なる者あり。これを似するに多分時宜は差し置きて、不律儀を似するばかりなり。よき所に心付けば、何事もよき手本師匠となる事の由。

よいところばかりを選べば、それで手本ができるものである。

さまざまな芸能を学ぶときも、とかく弟子は師匠のよいところは見習わず、悪い癖を真似してしまうものであるが、これでは何の役にも立たない。礼儀正しいが律儀でない者がいる。これを見習うと、たいてい礼儀正しいところは見習わず、律儀ではないところを真似してしまう。

人のよいところに気づいて学ぶようにすれば、どのような人もよい手本、師匠となるものである。

『葉隠』（聞書第一）

※一鼎…石田一鼎。儒者、常朝の師。

気づいて学ぶ
そうすれば
どんな人もよい手本
師匠となるものだ
あの方を
手本として学ばなければ

人望
まわりの人の
長所だけを集めると
最高の手本になる
誠実・経験
やる気・一生懸命

人のよいところを探し、手本とする

完璧な人物というのはいないものである。人それぞれ長所と短所を持っている。だから、その長所ばかりを集めると最高の手本になるというわけだ。まことに合理的な考え方である。

ただし、この方法を実践しようとすると、意外と難しいであろう。なぜなら、人間、とかく人の悪いところに目がいくものだからだ。そして、ついついその悪いところを真似していたりする。そうならないためには、常に意識して、他人のよいところを見ようとしなければならない。また、その目を養う必要もあるだろう。職場、日常生活において、人の長所を探し、それを手本とする姿勢を身につけたいものである。

また、人のよいところ、学ぶべきところを探してみると、今までは気づかなかった、まわりの人のよいところが浮かび上がってくるかもしれない。それは、相手に好意や敬意を抱くきっかけになり、良好な人間関係を築くための一助となるだろう。

第5章

組織人としての処世術 ～葉隠～

一、若いうちから出世するべきではない

若いうちから出世して、主君の御用をつとめるのは、長持ちしないものである。生まれつき才能に恵まれていても、人柄や能力がまだまだ未熟なので、人も信用してくれない。五十歳くらいになってから、そろそろ出世していくというくらいがよい。それまでの間は、人々から出世が遅いと思われるくらいのほうが長続きするものだ。

また、身代を崩しても、志を持っている者は、不正なことを考えないから早く立ち直ることができるものだ。

『葉隠』（聞書第一）

原文

若き内に立身して御用に立つは、のうぢなきものなり。發明《はつめい》の生《うま》れつきにても、器量熟せず、人も請け取らぬなり。五十ばかりより、そろ〲仕上げたるがよきなり。その内は諸人《もろびと》の目に立身遅《おそ》きと思ふ程なるが、のうぢあるなり。又身上崩しても、志ある者は私曲の事にてこれなき故、早く直るなり。

「五十ばかりより、そろ〲仕上げたるがよきなり」

五十歳くらいになってそろそろ出世
そのくらいのほうがよい

自分の時代が来ると思い前向きに仕事に励む

若いうちから出世するべきではないというものである。

会社など組織に属していれば、多くの人は出世を望むだろう。自分が足踏み状態なのに、まわりの人間が一人、また一人と出世していくのを見ると、焦る気持ちもわいてくるものだ。

ただ、早くに出世したからと言って、その人が、その後も順風満帆にいくとは限らない。常朝の言うように、若いうちは未熟な部分があるものだ。力が備わっていないうちに出世したことで、却ってうまくいかないこともあるだろう。途中で失速していくことだってあるかもしれない。逆に遅くに出世しても、十年後、二十年後には、追い抜かしていることだってあるだろう。

何より、いずれ自分の時代が来ると思い、前向きに仕事に励むことである。高く飛ぶためには、その分長い助走が必要である。助走が短いと、高く飛ぶことはできない。出世も同じである。

二、「大器は晩成す」焦ることなく着実に

原文

大器は晩《おそ》く成ると云ふ事あり。二十年三十年して仕果する事にならでは、大功は無きものなり。奉公も急ぐ心ある時、我が役の外に推参《すいさん》し、若巧者といはれ、乗氣さし、がさつに見え、出来しだて巧者振りをし、追従軽薄の心出来、後指さゝるゝなり。修行には骨を折り、立身する事は人より引き立てらるゝものならでは、用に立たざるなり。

「大器は晩成す」と言われる。二十年、三十年かけて成し遂げるようなことでなければ、大きな功績は立てられない。

奉公も、功を焦る心があると、自分の役目以外のことまで出しゃばり、若いやり手と言われ、調子に乗り、不作法に見え、得意になってやり手のふりをし、追従したり軽薄になったりする心ができ、やがて人に後ろ指を指されることになる。

修行には骨を折って努力し、出世は人から引き立てられてするようでなければ、役に立たないものである。

『葉隠』（聞書第一）

若くして出世したものの……

大器晩成。大きな器は早くは完成しない。大人物となる人間は、普通より遅く大成するというものである。

前項に引き続き、出世に関する教訓であるが、『葉隠』の時代も、若くして出世し、おごりから身を崩した者が少なくなかったのだろう。これは現代も同じである。若

くして出世、または早くから事業に成功し、富と名声を手に入れたものの、すぐに失速、失墜という例は数多くある。時代はかわっても、人間のやることにはどこか似たところがあるものだ。

焦らずコツコツと

功を焦るな、つまり出世を急ぐなということである。しかし、人間は弱いものである。前項でも触れたが、同僚や部下が出世していく姿を見ると、つい焦燥感が芽生えるものだ。だが、そこで焦る心をぐっと抑えなければならない。コツコツと努力を続けてさえいれば、やがて浮かばれる日もあるはずだ。焦らずコツコツと。時間をかけて出世したほうが、大器になることができるのだから。

「大器は晩く成ると云ふ事あり」

大きな仕事は二十年、三十年かけて成し遂げるものだ

三、「七転び八起き」何度倒れても起き上がる

原文

浪人などして取り亂《みだ》すは沙汰の限りなり。勝茂公御代《みよ》の衆は、「七度浪人せねば誠の奉公人にてなし。七轉び八起き。」と、口付けに申し候由。成富兵庫など七度浪人の由。起き上り人形の様に合點《がてん》すべきなり。主人も試みに仰せ付けらるゝ事あるべし。

浪人《ろうにん》を命ぜられて取り乱すというのは、もってのほかである。勝茂公の時代のご家来衆は、「七度浪人しなければ、まことの奉公人ではない。七転び八起きである」と、口癖で言っていたそうだ。※成富《なりどみ》兵庫など七度浪人したとのことである。起き上がり人形のように思っていればよい。主人も試すつもりで浪人を命じることもあるだろう。

『葉隠』（聞書第一）

※成富兵庫…名は茂安。鍋島直茂・勝茂に仕えた重臣。その名声は全国の諸大名の間に喧伝され、その手腕は高く評価されている。

「七転び八起き」
起き上がり小法師のように何度でも起き上がれ

何度倒されても起き上がる

七度浪人しなければ、本物ではない。倒されても、倒されても起き上がる。そのぐらいの強い意志・覚悟がなければならないということであろう。

浪人、今で言えば、解雇または左遷、出向といったところであろうか。

長い人生、つまずくこともたびたびあるだろう。そんなときに、失望してやる気を失ってしまえば、それまでである。

起き上がり小法師のように

左遷や出向は、本人にとっては不本意なことかもしれない。だが、落ち込んでいてもどうにもならない。左遷されたら、そこで必死にがんばり、再起をかけて努力するのである。そうするからこそ、成長できるというものだ。

七転び八起き、何度倒されても、屈せず立ち上がる。起き上がり小法師のようにありたいものだ。

四、上からは少し煙たがられたほうがよい

ご主人からも家老・年寄役からも、少し煙たがられるようでなければ、大きな仕事をなすことはできない。平々凡々と腰巾着になっていたのでは、十分な働きはできないものだ。この心得が大事である。

『葉隠』(聞書第二)

原文

主人にも、家老年寄にも、ちと隔心に思はれねば大業はならず。何氣もなく腰に付けられては働かれぬものなり。この心持これある事の由。

少し扱いにくい煙たがられる存在のほうがよい

上司から少し扱いにくいと思われるぐらいの、煙たがられる存在のほうがよいということである。そうでなければ大きな仕事を行うことはできない。上司の顔色をうかがい、「はい、はい」と言って、くっついているようでは、思うような仕事はできないだろう。

会社のためを思って上司に意見するなど、よい意味で煙たがられる存在でなければならない。ただ言うことを聞かず、文句ばかり言っていて扱いにくいやつと思われているようでは困りものだ。ここを勘違いしないように注意したい。

腰巾着では
満足な仕事はできないものだ

五、いつの時代もよい人材を育成することが重要

御家中によいご家来ができるように人を教育することは、主君への忠節である。志のある人には指導して差し上げるのである。自分が持っているものをほかの人を通して主君のお役に立てることは本望である。

『葉隠』（聞書第一）

原文

御家中に、よき御被官出來候樣に人を仕立て候事、忠節なり。志ある人には指南申すなり。我が持分を人を以て御用に立つるは本望の事なり。

いつの時代も人材は宝

御家のため、よい家来となるように人を教育するというものである。

今で言えば、組織のためによい人材となるよう社員を教育するということだろう。それも、自分の持っている知識、ノウハウなどを下に伝えることによって、教え育てるのである。

組織にとって、よい人材を育成することが重要なのは言うまでもない。いつの時代も人材は宝。よい人材が育つような環境や教育体制などを整えなければならない。また社員一人一人が人材育成を担っていかなければならないのである。

続けて次項も人材に関する教訓である。

六、よい部下を持つこと。そのためにすべきこと

※山本神右衛門がかねがね言われたことである。侍は、よい家来を持つことが最上である。どれほど御用に立とうと思っても、一人で武勇の奉公はできぬものである。金銀は人から借りればこと足りる。だが、人はにわかには集まらない。かねてよりよい人材と親しくし、召し抱えておくべきである。

『葉隠』（聞書第一）

※山本神右衛門…常朝の父

原文

山本神右衛門善忠兼々申し候は、侍は人を持つに極り候。何程御用に立つべしと存じ候ても、一人武篇はされぬものなり。金銀は人に借りてもあるものなり。人は俄《にわか》になきものなり。兼てよき人を懇《ねんご》ろに扶持《ふち》すべきなり。

「侍は人を持つに極り候」

侍はよい家来を持つことが最上である

一杯の飯を分け合うぐらい部下のことを思う

よい人材、よい部下を持つことの重要性を説いたものだ。よい部下を持つことが大切なのは、どのような時代も同じである。

仕事をする場合、部下やまわりの人間の協力は不可欠である。自分一人の力では限界がある。よき協力者が多ければ多いほど、大きな仕事を成し遂げることができるというものだ。

では、どうすればよい部下を持つことができるのだろうか。その答えが、この言葉に続く次の教えである。

「よい家来を持つには、自分だけが物を食べるのではなく、一杯の飯も分け合って、家来に食べさせる。そうすれば、よい家来を持つことができるのである」

一杯の飯を分け合うぐらい部下のことを思い、やさしく接する。そうされた部下は上司のために力を尽くそうと思うだろう。自然とよい部下・人材が集まるわけである。

人の上に立つ者にとって大事な教訓と言えるだろう。

七、諫言の心得。自分の代わりに進言してもらう

主君に諫言《かんげん》しなければならないとき、自分がそれにふさわしい地位でない場合には、それ相当の地位の方に代わって言ってもらい、主君の過ちが直るようにするのが真の忠義というものである。このような場合のため、多くの人（上司）と親しくしておくのである。自分のためにするのであれば、それは媚へつらうことになる。しかし、この場合、自分がお家を背負って立つという気持ちからすることなのである。やればできるものである。

『葉隠』（聞書第一）

原文

諫言の道に、我その位にあらずば、その位の人に言はせて、御誤《おんあやまり》直る様にするが大忠なり。この階の爲に諸人と懇意する所なり。我が爲にすれば、追従なり。一方は我等荷ひ申す心入れからなり。成程なるものなり。

相当の立場の人に言ってもらう

諫言、つまり目上の人、上司に意見・忠告することであるが、諫言することとは、今と違って当時はとても難しいことであった。

主君に対して諫言する権限は一部の人間しか持っておらず、自分がその地位にない場合には、上司に代わりに言ってもらうというものである。そのためには日頃から上司と仲良くしておくこと。用意周到な教えである。

ただし、自分の手柄のためなどと考えず、あくまでお家のためと願ってすることである。そこに私心があってはならないと指摘している。

現代においても、トップなどに進言するときには、それ相当の立場にある人に言ってもらうのがよい場合もあるだろう。下手に進言すれば、相手の気分を害することになるかもしれない。そうなれば、受け入れてもらえないばかりか、自分の立場も危うくなるかもしれない。だから、自分で直接言うのではなく、それなりの発言力がある人に代わりに言ってもらうのだ。そのほうが効果も大きいだろう。

「御誤直る様にするが大忠なり」

主君の過ちを直すのも
仕えている者の大事なつとめである

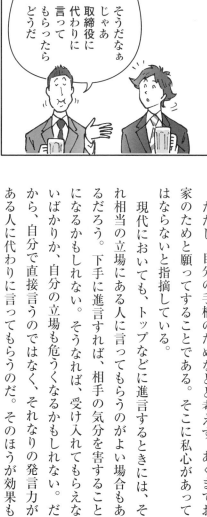

「欺くの如く七度まで
同じ事を申し上げ候」

何度叱りつけても参上し
諫言を繰り返した

七度も諫言するほどの覚悟

『葉隠』には、諫言について説いたものが幾度も出てくる。たとえば、次のようなものがある。

「御意」に背いたため五人の家臣に切腹が申しつけられた。そのとき、当時年寄役であった中野数馬（常朝の従兄の子）が御前に参上し、

「この者たちはお助けくださるように」

と申し上げた。これを聞いた主君は立腹し、

「詮議を尽くして切腹を申しつけたのに、助けなければならない道理があって申すことなのか」

と言われた。数馬はこれを聞いて、

「道理などございません」

と申し上げた。主君は、道理もないのに助けようというのはけしからん、と数馬を叱りつけ退出させた。すると数馬はまた御前に参上し、

「この者たちは、何とぞお助けくださるように」

と申し上げた。先刻の通り、またまた叱られたので退出したが、続いてまた参上した。こうして同じことを繰

り返すこと七度。主君もついに、道理はないが、七度も言うのだから、助ける機会かもしれないと思い直し、お助けになった。

　七度も諫言をしたという話であるが、一命を捨てる覚悟での訴えである。その覚悟があったからこそ、諫言も受け入れられたのであろう。今では命を落とすことはないので、クビを覚悟でということになろうか。得られる成果がかえがたいものである場合、そのくらいの覚悟で進言しなければならないのかもしれない。

諫言は内密に行う

　また、諫言については、次のような言葉もある。

「主人に諫言するにも、いろいろとやり方がある。志からする諫言は、まわりに知られないようにするものである。主人の気分に逆らわぬようにして、御癖をお直しするのである」

　諫言する際には、まわりにそれを知られてはならない。上司と二人だけのときにする、つまり諫言は内密に行うということである。まわりに知られると、上司の欠点などをさらけ出し、恥をかかせることになるだろう。そうなれば諫言どころの話ではなくなる。あくまで内密に、慎重に行わなければならないのだ。現代でも、組織人として、さまざまな場面で活かせる処世訓と言えよう。

八、「水至つて清ければ魚棲まず」多少は見ぬふりを

原文

何某當時《とうじ》儉約を細かに仕る由申し候へば、よろしからざる事なり。水至つて清ければ魚棲まずと言ふことあり。藻がらなどのあるゆゑに、その蔭に魚はかくれて成長するなり。少々は、見のがし聞きのがしのある故に、下々は安穏するなり。人の身持なども、この心得あるべき事なり。

ある人が、常々倹約を細かく説いていたが、これは好ましいことではない。「水清くして魚住まず」ということがある。藻がらなどがあるので、その陰に魚はかくれて成長するのである。少々のことは見逃し、聞き逃してこそ、下の者たちは安心してつとめることができるのだ。人の行いなどにも、この心得が必要である。

『葉隠』（聞書第一）

「水至つて清ければ魚棲まず」
少しのことは見逃すくらいがよい
そのほうが下の者たちは安心できるのだ

少々のことは見過ごす度量が求められる

水清無魚――少々の誤りや行き過ぎは見過ごす。潔白で厳し過ぎるよりも、寛大な思いやりの態度が大切であることを言ったものである。

常朝の言うように、少々のことは見逃すぐらいのほうが、部下はのびのびと仕事ができるものである。ちょっとしたミスにも、細々と注意をしていては、部下は萎縮してしまうだろう。だから、多少のことは見て見ぬふりをするくらいの度量が必要なのである。とくに人の上に立つ者に求められるものと言えよう。

水が濁っていればよいというわけではない

ただし、この言葉、水が清過ぎてはいけないと言っているのであって、濁っているほうがよいと言っているわけではない。水が濁り過ぎていても、魚は住めないものである。この兼ね合いが難しいところであり、注意が必要なところと言えよう。

九、縁故を頼ると働きにくくなる

原文

殿参りするも奉公人の疵《きず》なり。すべて御内縁、殿御贔負《ひいき》を以ては口がきけぬものなり。折角骨を折りて奉公しても、引きにて仕合せよきなどと後指さゝれ、奉公が無になるものなり。何の引きもなき奉公は仕よきものなりと。

上司との縁故を頼るのは奉公人としてよくないことである。すべて縁故、引きがあっては、まともに口がきけないものである。せっかく苦労して奉公しても、縁故で目をかけられて幸せだなどと後指を指され、奉公が無駄になるものである。何の引きもない奉公がしやすいというものだ。

『葉隠』（聞書第二）

縁故関係はマイナスに働く

上司との縁故関係を持つことを戒めたものである。現代でも、上司との縁故関係は、却ってマイナスに働くことがあるだろう。コネに頼ると、コネにしばられることがあるからだ。常朝の言うように、上司に遠慮して、まともに口をきくことができなくなることもあるだろう。何のコネも、縁故関係もないほうが、のびのびと働くことができるというものである。

第6章

仕事と人生の極意 ～葉隠～

一、時代は流れる。その時代に合わせて生きる

時代の気風というものはかえることができない。気風がだんだんと堕落してきたのは世が末になったからである。

一年の間、春ばかり、夏ばかりということはありえない。一日もまた同じである。とすれば、今の世の中を百年も前のよい時代に戻したくても、それはできることではない。そうであるから、その時代、その時代に合わせて、よいようにすることが大切である。

『葉隠』（聞書第二）

原文

時代の風と云ふものは、かへられぬ事なり。段々と落ちさがり候は、世の末になりたる處なり。一年の内、春ばかりにても夏ばかりにても同様にはなし。一日も同然なり。されば今の世を、百年も以前のよき風になしたく候ても成らざる事なり。されば、その時代々々にて、よき様にするが肝要なり。

「時代の風と云ふものは、かへられぬ事なり。
その時代々々にて、よき様にするが肝要なり」

時代の気風はかえられない
その時代に合わせて
よいようにすることが大切だ

時代は戻せないだから今を生きる

時代というものは、流れていくものである。『葉隠』の時代もそうであったのだ。

常朝は、世の中の風潮がかわっていくのを嘆いているが、反面このように、それは必然の流れと認めている。そして、今の世の中ではどうすればよいのか、どう生きるべきなのかを考えていたのであろう。

昔ばかりを懐かしんでいてもしかたがない。現実の社会に立ち向かっていかなければならないと説いているのだ。

現代においても、「昔はよかった」と口にする人がいるだろう。どの時代においても、その時代なりのよさはあるものだ。だからといって、昔を懐かしんでばかりいて、現実と向き合わないというのは、ただ逃避しているだけではないだろうか。

常朝の言うように、時代は戻せない。だから、現実と向き合い、今の時代に合わせて最善を尽くすことが求められるのだろう。

二、人の一生は短い。だから好きなことをするべき

人間の一生はまことに短いものだ。好きなことをして暮らすべきである。夢の間の世の中、好かないことばかりして苦しんで暮らすのは愚かなことである。このことは、下手に聞かせると害になるから、若い連中などには最後まで語らなかった奥の手である。私は寝ることが好きである。今の境遇（出家隠棲《しゅっけいんせい》）にふさわしく、ますます外に出ず、寝て暮らそうと思う。

『葉隠』（聞書第二）

原文

人間一生誠に纔《わずか》の事なり。すいた事をして暮すべきなり。夢の間の世の中に、すかぬ事ばかりして苦を見て暮すは愚なることなり。この事は、悪しく聞いては害になる事故、若き衆などへ終《つい》に語らぬ奥の手なり。我は寝る事が好きなり。今の境界相應に、いよ〱禁足して、寝て暮すべしと思ふなり。

「人間一生誠に纔の事なり。すいた事をして暮すべきなり」

人の一生はとても短い
好きなことをして暮らすべきだ

人生は短く
時間は限られている

これぞ人生の極意というものなのだろうか。

人の一生は短いもの、与えられた時間は限られている。だから好きなことをやったほうがよい、というものである。たしかにその通りであり、理想と言えよう。

仕事にしても、好きなことをするのが一番である。だが、仕事の場合、嫌いだから、おもしろくないからやらない、というわけにはいかない。好き嫌いにかかわらず、仕事は責任を持って行わなければならない。

長い仕事人生
仕事を好きになる

ただ、発想をかえて、自分の仕事を好きになれば、楽しく過ごすことができるのだろう。すべてを好きにならなくても、少しでも好きなところ、おもしろいところを見つけるようにすると違ってくるはずだ。

仕事を好きになる。難しいことかもしれないが、長い仕事人生、楽しく過ごせたほうがよいのでは。

三、「三つの禁物」順調になってきたら危ない

「奉公人にとっての禁物とは何か」と問うと、「大酒、自慢、贅沢《ぜいたく》となるだろう。不幸せなときは心配ない。少し幸せになってきた頃に、この三つが危ないものとなる。まわりの人を見てみなさい。だんだんといい気になり、自慢・贅沢が出てきて、とても見苦しい。だから、人は苦労をした者でなければ根性がすわらず、若いうちはなるべく不幸せになるのがよい。不幸せなときに、挫折してしまう者は役に立たないのである」と。

『葉隠』（聞書第二）

原文

「奉公人の禁物は、何事にて候はんや。」と尋ね候へば、「大酒・自慢・奢《しゃ》なるべし。不仕合せの時は氣遣ひなし。ちと仕合せよき時分、この三箇條あぶなきものなり。人の上を見給へ、やがて乗氣さし、自慢・奢が付きて散々見苦しく候。それ故、人は苦を見たるものならでは根性すわらず、若き中には随分不仕合せなるがよし。不仕合せの時草臥《くたぶ》るゝ者は、益《やく》に立たざるなり。」と。

奉公人の禁物

大酒
自慢
奢なるべし

「この三箇条あぶなきものなり」

三つの禁物
順調なときこそ自分を律する

奉公人の三つの禁物、これはビジネスパーソンの三つの禁物とも言えよう。

まず一つめの大酒は、失態を招く原因となる。失言したり、余計なトラブルを引き起こしたりする恐れがある。くれぐれも慎みたい。

二つめの自慢。慢心すると、まわりが見えず、他人からの意見・忠告に耳を傾けなくなる。常に謙虚を心掛けたい。

三つめの贅沢。金回りがよくなり、贅沢が身につき、身を滅ぼす恐れがある。倹約に努めたい。

そして、常朝は不遇なときには心配ないが、順調になってきたら危ないと警告している。

今でもあることではないだろうか。人間、うまくいっているときほど、調子に乗りやすい。いい気になって、大酒、慢心、贅沢の罠《わな》に陥りやすい。順調なときこそ、自分を強く律する必要があるのだろう。

四、忙しいときほどイライラせず、ていねいに

役所などでとくに立て込んでいるところに、無遠慮に用事を言ってくる人がいると、対応が悪く、腹を立てる者がいる。とりわけよろしくないことだ。

そんなときほど、心を落ち着かせて、ていねいな応対をすることが武士の作法である。とげとげしく応対するのは、下級の者の応対である。

『葉隠』（聞書第一）

原文

役所などにて別《わ》けて取り込み居り候處に、無心に何か用事など申す人これある時、多分取合ひ悪しく立腹などする者あり。別けて宜しからざる事なり。左様の時ほど押ししづめ、よき様に取合ひ仕るべき事、侍の作法なり。かどがましく取り合ひ候は、中間などの出會ひの様なり。

忙しいときほどていねいに

忙しくしているところに、遠慮なくズケズケとやってくる人に対して、腹を立ててはならない。どんなに忙しく、イライラしている状態であっても、それを外に出さない。忙しいときほど、ていねいに応対せよという教えである。

無遠慮な人は、『葉隠』の時代にも今の時代にもいるも

のだ。人間、忙しいときには乱雑になりがちだが、イライラする場面こそ、心を落ち着かせて、穏やかに対応するべきだろう。

イライラしていると思わぬ失敗を招く

今日のビジネスの現場でも、忙しくイライラする場面はよくあることだ。納期が迫っているのに作業が進まない、他人のミスのせいで自分の仕事にも支障が……などなど。だが、イライラしていると仕事が雑になり、思わぬ失敗を招くこともある。だから忙しく、気がせいているときも、ぐっと心を落ち着かせ、あえてていねいに対処する。常日頃から心掛けておきたい教訓だ。

「左様の時ほど押ししづめ、よき様に取合ひ仕るべき事、侍の作法なり」

そんな忙しいときほど、心を落ち着かせてていねいに対応すること。これが武士の作法である

五、「名人も人なり、我も人なり」一歩を踏み出す

名人のことを見たり聞いたりして、自分などとても及ばないと思うことは、ふがいないことである。名人も人、自分も人、何の劣るところがあろうかと思い、一度立ち向かえば、もはや、その道に入ったというものである。「孔子は、十五歳ぐらいで学問の道を志したところが聖人なのである。後に修業を積み重ねたことによって聖人になられたのではない」と一鼎も言っておられる。

『葉隠』（聞書第一）

原文

名人の上を見聞して、及ばざる事と思ふは、ふがひなきことなり。名人も人なり、我も人なり、何しに劣るべきと思うて、一度打ち向はば、最早その道に入りたるなり。「十有五にして學に志すところが聖人なり、後に修業して聖人になり給ふにはあらず。」と一鼎申され候。

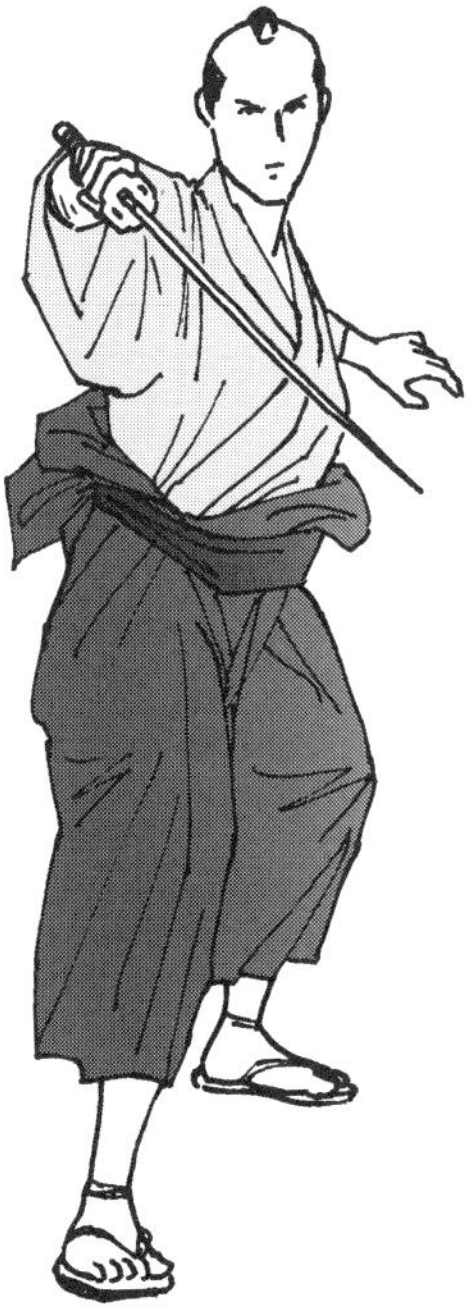

「名人も人なり、我も人なり」

名人も人、自分も人、同じ人間なのである

無理だと決めつけたらそこで終わり

いくらがんばっても、あの人のようにはなれない、とあきらめて、努力を放棄することはないだろうか。あんな仕事はできない、こんな高度なことは無理だ、と決めつけたら、そこで終わりだ。もう成長はない。

「名人も人なり、我も人なり」である。同じ人間だと思えば、そこには差はない。

名人も初めは初心者

どんな名人であっても最初は初心者。悩み、苦しみ、努力を重ねて上達してきたのだ。だから、あきらめさえしなければ、本人の努力次第、どうにでもなるのである。

孔子は修業を積み重ねて聖人となったと思われるが、そうではないと指摘している。十五歳ほどで学問の道を志したというところが聖人であるという。

一度、志を立てる、初めて一歩を踏み出す、そこがとても大事なところなのだろう。

六、「水増されば船高し」困難が自己を成長させる

大きな災難や大事件に遭遇しても動転しないというのは、まだまだ不十分である。大事件にあったら、喜んで躍り上がって、勇んで進んでいくべきである。これは一段階上の境地である。「水かさが増せば、それだけ船は高くなる」というようなものだ。

『葉隠』（聞書第一）

原文

大難大變《たいなんたいへん》に逢うても動轉《どうてん》せぬといふは、まだしきなり。大變に逢うては歡喜踊躍して勇み進むべきなり。一關《せき》越えたる所なり。「水増されば船高し。」といふが如し。

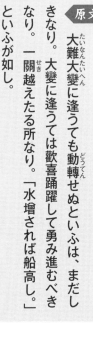

あえて困難な状況に挑んでいく

災害・事件にあっても動揺しないというのでは、まだまだ不十分。そんなときは、あえて突き進んでいけという教えである。人間、困難な状況にあえば、精神的にたくましくなれるものである。

仕事においても、困難な状況に遭遇することがあるだろう。だが、そこから逃げようとせず、あえてこちらから挑み、立ち向かっていく。そういった精神を持ちたいものだ。その困難を乗り越えることによって、ひとまわり大きく成長し、チャンスも広がっていくだろう。

水かさが増せば船は高いところにいくことができる

水かさが増せば、それだけ危険になる。だが、その分、船は高いところまでいくことができる。人間も同じである。困難が多ければ多いほど、成し遂げるのが難しければ難しいことほど、自己を高いところまで成長させてくれるだろう。

七、「七息思案」短時間に決断する

古人の言葉に、七息思案というものがある。隆信公は、「思案も長々していると、腐ってしまう」と仰せられた。直茂公は、「何事もだらだらしていると、十のうち七はうまくいかない。武士は物事を手っ取り早くするものだ」と仰せられたという。

気持ちがうろうろとしているときは、妙案は思いつかず埒《らち》が明かない。悩みなく、さわやかで、凛《りん》とした気持ちであれば、七つ息をしている間に思案してしまうものである。腹がすわって、突っ切れた気構えである。

『葉隠』（聞書第一）

原文

古人の詞《ことば》に、七息思案と云ふことあり。隆信公は、「分別も久しくすればねまる。」と仰せられ候。直茂公は、「萬事しだるきこと十に七つ悪し。武士は物毎手取早にするものぞ。」と仰せられ候由。心氣うろ〱としたるときは、分別も埒《らち》明かず。なづみなく、さわやかに、凛としたる氣にては、七息に分別すむものなり。胸すわりて、突つ切れたる氣の位なり。

「七息思案」
七つ呼吸する間に決断せよ

七つの呼吸の間に決断

七息思案——七つ呼吸する間に結論を出せというものである。七つの呼吸の間だから迷っている時間はない。即座に決断する、その決断力が求められるのである。

決断力、『葉隠』の時代にも求められていた力であるが、それ以上に現代のビジネスパーソンに必要なものと言えよう。なぜなら、現代はスピード社会。何事においても早い判断・意思決定が求められるからだ。長々と考えているうち、状況は刻々と変化する。早く決断できるかどうかが、仕事・ビジネスの成否を左右するのだ。

短時間に集中して思考

また、短時間に集中して思考したほうが効率がよいとも言えよう。ダラダラと考えていても妙案は浮かばないものである。複雑に考えれば考えるほど答えを見出すのが困難になるものだ。

「七息思案」、まさに今の時代にふさわしい教訓である。

八、「大雨の教え」動じない心のあり方

「大雨の教え」というものがある。外出の途中でにわか雨にあい、濡れまいとして道を急いで走り、軒下などを通っても、濡れることにかわりはしない。初めから濡れるものと思い込んでいると、同じ濡れても心に苦しみはない。これは万事にわたる心得である。

『葉隠』（聞書第一）

原文

大雨の感と云ふ事あり。途中にて俄雨《にわかあめ》に逢ひて、濡れじとて道を急ぎ走り、軒下などを通りても、濡るゝ事は替らざるなり。初めより思ひはまりて濡るゝ時、心に苦しみなし、濡るゝ事は同じ。これ萬《よろ》づにわたる心得なり。

「大雨の感と云ふ事あり」
大雨の教えという心得がある

動じない心のあり方

何があっても動じない心のあり方を大雨にたとえて説いたものである。

濡れるのが嫌だと思っていても、大雨だから濡れてしまう。急いで走ったところで、軒下を通ったところで、濡れることにかわりはない。

そうであれば、もう濡れるものだと思っていたほうが、同じ濡れても気分は楽である。あくまで心の持ち方というわけだ。

悪い事態も、覚悟を決めておけば気が楽

ビジネスにおいても、避けることのできない悪い事態に遭遇することがあるだろう。嫌だ、嫌だと思っていても、結果が同じであれば、初めから覚悟を決めておいたほうが気は楽というものだ。そのほうが、悪い事態にあっても、平静を保っていられるだろう。

九、今も昔も身だしなみが大事

いつも頬紅《ほおべに》の粉を懐に入れておくのがよい。何かのとき、酔い覚めや寝起きなどで顔色がさえなくて困ることがある。そういうときには、頬紅の粉を塗るとよい。

『葉隠』（聞書第二）

原文

寫《うつ》し紅粉《こうふん》を懐中したるがよし。自然の時に、酔覚か寝起などは顔の色悪しき事あり。斯様の時、紅粉を出し、引きたるがよきなりと。

「写し紅粉を懐中したるがよし」
頬紅粉を懐に入れておくのがよい

身だしなみには気を遣うこと

顔色が優れないときには、頬紅粉を塗って顔色をよく見せる。身だしなみについて説いたものだ。『葉隠』の時代も、やはり見た目が大事ということであろう。

現代のビジネスパーソンにとっても、身だしなみが大事なのは言うまでもない。もちろん男性が頬紅を使うことはないだろうが、そのくらい身だしなみには気を遣うべきなのであろう。身だしなみを整えるというのは、自分のためだけではなく、他人に不快な思いをさせないための心配りでもある。だから、常に気にかけておきたい。

日頃から鏡を見て自分を正す

見た目についての教訓には、次のような言葉もある。

「風体の修行は、不断鏡を見て直したるがよし」

風体――外見、身なりの修行は、いつも鏡を見て正すのがよい。日頃から鏡を見て自分の姿をチェックし、正していく。実践したい教訓の一つと言えよう。

十、酒の席の心得。切り上げ方がもっとも大事

酒席では深い心配りが必要である。気をつけてみると、ほとんどの人はただ飲んでいるばかりである。

酒というものは、切り上げ方をきれいにしてこそ、酒である。このことに気づかないと、いやしく見えるものだ。だいたいの人の心掛けが、そのまま見えてしまう。

酒席は公の場であると心得よ。

『葉隠』（聞書第一）

原文

酒盛の様子はいかうあるべき事なり。心を付けて見るに、大方呑むばかりなり。酒といふ物は、打上り綺麗にしてこそ酒にてあれ。氣が付かねばいやしく見ゆるなり。大かた人の心入れ、たけくも見ゆるものなり。公界物なり。

「酒といふ物は、打上り綺麗にしてこそ酒にてあれ」
切り上げ方をきれいにしてこそ酒というものだ

酒席では
ダラダラ飲み続けてはならない

酒の席での心得であるが、このまま現代でも通用するものであり、身につまされるものと言えよう。

酒席でもっとも大事なのは切り上げ方。そこがきれいでなければならない。つまり、ダラダラ飲み続け、長居をしてはならないのだ。飲み続ければ、飲むほどに酔いもまわり、どんどん醜い姿をさらすことになるだろう。だから酒席はさっと切り上げる。ぜひ心掛けたいものだ。

酒席は公の場

また、酒席は「公の場」としているところにも注目したい。現代でもさまざまな宴席があるが、公的な意味合いを持つ席も数多くある。その場の性質に応じた振る舞いが求められるのだ。もっとも、公的であれ、プライベートであれ、ダラダラと飲み続け、醜態をさらすような真似だけはしたくない。『葉隠』には、酒の飲み方の注意点として、次項のようなものもある。

十一、酒量を覚え、決して気を抜かないこと

大酒のせいで不覚をとった人の数は多い。これはとくに残念なことである。まずは自分の酒量をよく覚えておき、それ以上は飲まないようにしたいものである。そのようにしていても、ときには飲み過ぎてしまうことがあるものだ。

酒席では、とりわけ気を抜かず、思いもよらないことが起きても、対処できるよう思慮、分別を持たなければならない。

酒席は公の場である。このことをよく心得ておくべきである。

『葉隠』（聞書第一）

原文

大酒にて後《おく》れを取りたる人数多なり。別して殘念の事なり。先づ我がたけ分をよく覺え、その上は呑まぬ様にありたきなり。その内にも、時により、酔ひ過す事あり。酒座にては就中《なかんずく》氣をぬかさず、不圖事出來ても間に合ふ様に了簡あるべき事なり。又酒宴は公界ものなり。心得べき事なり。

「先づ我がたけ分をよく覚え、その上は呑まぬ様にありたきなり」

まず自分の適量を知り
それ以上を飲まないよう心掛けるのだ

酒は適量を守ることが基本

これもまた、深くうなずける心得である。

『葉隠』の時代から酒の飲み過ぎで失敗した人は多かったのだろう。今に至っても、飲み過ぎて失言したり、トラブルを起こしたりする人はいるものだ。

では、そうならないためにはどうすればよいのだろう。常朝が説くように、まずは自分に合った酒の量を心得ておく。そして、その量以上は飲まないこと。つまり、自分の適量を守ること。これが基本と言えよう。

酒席では決して気を抜かない

だが、人間は弱いものだ。適量を守るのだと気をつけていたとしても、ついつい飲み過ぎてしまうことがある。だからこそ、酒の席では、決して気を抜かず、とくに注意しなければならない、と指摘しているのだ。

また、ここでも「酒席は公の場」だと強調している。適量を守ることとともに、この点も十分に肝に銘じておきたい。

十二、招待を受けたときの極意

翌日のことは、前の晩からよく考え、書きつけておくとよい。これも万事、人より先んじて行うべき心得である。約束でどこかへ出かけるときは、前夜から先方のことについて、万事万端、あいさつなどのことまで、よく考えておくものである。

どこかへお供をしたとき、お話にどこかへ伺うときは、まず相手方の主人のことを心に掛けながら行くのがよい。これが和の道であり、礼儀である。また身分の高い人などから招かれたときは、気苦労に思って出かけたら、あいさつの口上もうまく言えないものである。これはまこと

原文

翌日の事は、前晩より案じ、書きつけ置かれ候。これも諸人より先にはかるべき心得なり。何方《いずかた》へ兼約にて御出で候時は、前夜より向様の事萬事萬端、挨拶咄、時宜等の事迄案じ置かれ候。何方へ御同道申し候時分、御咄に何方に参り候時は、先づ亭主の事をよく思ひ入りて行くがよし。和の道なり。禮儀なり。又貴人などへ呼ばれ候時、苦勞に思うて行けば座つき出來ぬものなり。さて〳〵忝《かたじけ》なき事かな、さこそ面白かるべきと思ひ入りて行きたるがよし。惣じて用事の外は、呼ばれぬ所へ行かぬがよし。招請に逢はば、さてもよき客振りかなと思はるゝ様にせねば客にてはなし。いづれその座のすべを前方より服して行くが大事なり。酒などの事が第一なり。立ちしほが入つたものなり、飽かれもせず、早くもない様にありたきなり。又常々の事にも、馳走など斟酌《しんしゃく》を仕過ごすも却つてわろきなり。一度二度云う

にありがたいことだ、さぞおもしろいことであろうと思い込んで行くのがよい。

すべて、用事がないときは、招かれていないところへは行かぬことだ。しかし招かれたときには、なんとよい客ぶりだ、と思われるようにしなければ客とは言えない。ともかくその座の様子を前もってよく考えていくことが大切である。酒の席などのことが第一に重要である。とくに席を立つところが難しい。飽きられもせず、早過ぎもしないようにしたいものである。

また、日常であっても、もてなしを受けるのに、遠慮し過ぎるのは却ってよろしくない。一度、二度遠慮して、そのうえでご馳走になるのがよい。ふとした行きがかりで引き止められたときなどの心得もこれと同じである。

『葉隠』（聞書第一）

て、その上には、それを取り持ちたるがよし。計らず行き懸りて留めらるゝ時などの心得もかくの如きなり。

現代にも通じる訪問時の心得

微に入り細に入り、訪問時のマナーやエチケット、その心得が述べられている。招待を受けたときの極意と言うべきものである。

訪問する際には、事前の準備が必要であるという。それも何を話すかまで考えるというのだから、かなり入念な準備である。また、訪問するときの心の持ち方にも注意しなければならないとしている。心境が態度にあらわれるからである。

宴席にあっては、切り上げるタイミングについて言及している。早過ぎても遅過ぎてもいけない。そのタイミングを計ることが重要だという。

また、日常にあっても、遠慮し過ぎるのはよくないと

しているが、かと言って、まったく遠慮しないわけではない。一、二度は断ったうえで受けるとしているのだ。微妙な人間心理を説いたものと言えよう。

　客としての心得、宴席の切り上げ方など、まさしく現代にも通じるものである。ビジネスにおいても、客として招かれることや宴席に出席することはよくあるものだ。ぜひ、実践したい心得である。

「翌日の事は、前晩より案じ、書きつけ置かれ候」

翌日のことは、前の晩からよく考えておき書きつけておくことだ

【参考文献】

『五輪書』宮本武蔵著　渡辺一郎校注（岩波書店）
『五輪書』宮本武蔵原著　神子侃訳（徳間書店）
『五輪書』宮本武蔵著　鎌田茂雄全訳注（講談社）
『［新訳］五輪書　自己を磨き、人生に克つためのヒント』宮本武蔵著　渡辺誠編訳（ＰＨＰ研究所）
『宮本武蔵――「兵法の道」を生きる』魚住孝至（岩波書店）
『面白いほどよくわかる五輪書』入野信照監修（日本文芸社）
『葉隠』和辻哲郎・古川哲史校訂（岩波書店）
『葉隠――武士と「奉公」』小池喜明（講談社）
『葉隠』山本常朝・田代陣基原著　神子侃編著（徳間書店）
『続　葉隠』山本常朝・田代陣基原著　神子侃編訳（徳間書店）
『［抄訳］葉隠　組織人としての心得を学ぶための百言百話』山本常朝述　渡辺誠編訳（ＰＨＰ研究所）
『「葉隠」に学ぶ誇り高い生き方』武光誠監修（成美堂出版）
『いま、なぜ武士道なのか――現代に活かす『葉隠』１００訓』青木照夫（ウェッジ）
『武士道』新渡戸稲造著　矢内原忠雄訳（岩波書店）
『武士道のことがよくわかる本』山本博文（中経出版）
『ＮＨＫ「１００分de名著」ブックス　新渡戸稲造　武士道』山本博文（ＮＨＫ出版）
『武士道　十冊の名著』北影雄幸（勉誠出版）
男の隠れ家２０１３・５「武士道とは何か？」（プラネットライツ・朝日新聞出版）

著者プロフィール
前田信弘（まえだ　のぶひろ）

経営コンサルタント、ファイナンシャル・プランナー。長年、経営、会計、金融、マーケティングなど幅広い分野でビジネス教育に取り組むとともに、さまざまなジャンルで執筆・コンサルティング活動を行う。あわせて歴史や古典などをビジネスに活かす研究にも取り組んでいる。

主な著書
『知識ゼロからの会社の数字入門』『知識ゼロからの孫子の兵法入門』『知識ゼロからのマーケティング入門』『知識ゼロからの会社のしくみ』『知識ゼロからのビジネス論語』『知識ゼロからのビジネス菜根譚』『知識ゼロからのビジネス韓非子』（以上、幻冬舎）、『一発合格！ FP技能士３級完全攻略テキスト』『一発合格！ FP技能士３級完全攻略実戦問題集』『一発合格！ FP技能士２級AFP完全攻略テキスト』『一発合格！ FP技能士２級AFP完全攻略実戦問題集』『トコトンやさしい日商簿記３級テキスト＆問題集』（以上、ナツメ社）、『ここが出る!! FP技能士３級完全合格教本』（新星出版社）、『簿記一年生』（日本能率協会マネジメントセンター）ほか多数。

装幀　石川直美（カメガイ デザイン オフィス）
装幀材料　©2014 Tetsuya Ito, Kaoru Saito
本文デザイン　久下尚子
本文イラスト　中村知史
編集協力　ヴュー企画（伊藤昇穂）
編集　鈴木恵美（幻冬舎）

知識ゼロからのビジネス武士道

2015年1月20日　第1刷発行

著　者　前田信弘
発行人　見城 徹
編集人　福島広司
発行所　株式会社　幻冬舎
〒151-0051　東京都渋谷区千駄ヶ谷 4-9-7
電話　03-5411-6211（編集）　03-5411-6222（営業）
振替　00120-8-767643
印刷・製本所　株式会社　光邦
検印廃止

ISBN978-4-344-90291-6 C2095
Printed in Japan
幻冬舎ホームページアドレス　http://www.gentosha.co.jp/
この本に関するご意見・ご感想をメールでお寄せいただく場合は、comment@gentosha.co.jp まで。